2등 사원은 항상 일만 한다

2등 사원은 항상 일만 한다

찰스 쿤라트·리 넬슨 지음, 정용숙 옮김

살림Biz

인간의 본성은 강하다. 하지만 우리 삶은 본성을 거스르게 하는 어떤 보이지 않은 힘에 의해 엉망진창이 되는 경우가 있다.

예를 들어, 올바른 식습관을 통해 건강관리를 해야 하는데, 몸에 좋지 않은 음식이라고 무조건 피하는 식습관을 가지는 것이 좋지 않은 것도 그런 이유다.

10살짜리 소년의 모습을 상상해보라. 그는 에너지 넘치고 호기심 많은 초등학생이다. 그런데 한자리에 앉아서 같은 과제만 되풀이하게 한다면 어떻게 될까. 비즈니스에 종사하는 사람들에게도 통하는 말이다. 그러면서도 그들은 다들 '자신은 다르다'고 말한다. 자신들이 추구하는 전략은 혁신적이고, 다른 사람들의 발상과는 다르다고 주장한다. 그러나 그 결과는 누구도 예측할 수 있을 만큼 뻔한 경우가 많다. 그들은 항상 어울리는 사람들하고만 일하며 새로운 사람을 만나지 않는다.

우리의 주체성은 종종 확립되지 않은 경우들이 있다. 세미나, 워크숍, 직장연수 그리고 셀 수 없이 많은 프로그램들이 이런 우리의 불완전한 모습을 완전하게 만들어준다. 이 프로그램들은 우리가 무슨 일을 할 때 그 렌즈를 통해 스스로를 바라볼

수 있도록 해준다. 우리의 비즈니스는 '우리가 무엇을 하는가'
가 아니라, '우리가 누구인가'를 정의하는 방식이다. 그러나 틀
에 박힌 접근방식은 비즈니스에서, 또는 개인적으로 성과를 올
리는 데 있어서 가장 큰 걸림돌이 된다.

　20년 전, 나와 찰스 쿤라트(Charles A. Coonradt)와의 첫 만
남은 우연한 계기에서 비롯되었다. 게리라는 관리자가 있었는
데, 그는 내가 만난 사람들 중에 가장 능력이 뛰어났고 같이 일
하면 매우 즐거운 사람이었다. 바로 그가 찰스 쿤라트를 소개
해주었다.

　그 당시 나는 펩시콜라의 중역이었고, 서부지역에 음료를 공
급하려던 참이었다. 나는 예전에 게리에게 유타 주의 새로 출범
하는 지사를 맡도록 임명한 일이 있었다. 아주 짧은 기간이었지
만 그의 일처리 방식은 강한 인상을 남겼다. 그는 매우 도전적이
고 창의적이면서도, 전문가들을 만날 때면 꼼꼼하고 까다로운
모습을 보이기도 했다.

　척을 처음 만난 곳은 애리조나 주의 피닉스였다. 사실 게리

에게 그의 이야기를 처음 들었을 때는 조금 의아했다. 그는 아침 회의를 두 시간 삼십 분짜리 프레젠테이션으로 시작하곤 한다는 것이다. 어떤 교육적인 일이라도 아침에 그렇게 한다는 건 듣지도, 보지도 못했다.

나는 그때까지 내가 해오고 있는 일이 크게 잘못되었다고 생각해본 적이 없었다. 그런데 처음 찰스를 만나던 날, 그는 거의 세 시간 동안이나 나와 또 다른 40명의 사람들을 의자에 앉혀두고 있었다. 그의 프레젠테이션은 이 책의 핵심이기도 했다. 그러고 보면 이 책과 그의 프레젠테이션은 우리 모두가 자기 스스로를 위해 일하도록 하는 것이었다. 근본적인 개념은 단순하지만, 우리가 평소에 하는 일에 적용한다면 매우 통찰력 있는 개념이 될 것이다.

이 책에 담긴 개념들은 단지 비즈니스 분야에만 통용되는 것이 아니라, 하루하루의 삶에도 적용할 수 있다. 즉 모든 사람에게 영향을 주어 그들이 일상에서 자연스럽게 반응하고 행동하도록 하는 멋진 도구가 될 것이다.

사람은 보상을 받으면 그 행동을 반복하고 싶어 하지만, 매

번 보상을 해줄 수는 없다. 규칙과 우리가 일하는 경기장에 대해서 이해한다는 것은 사람을 혁신적이게 하고 모험을 하게 하는 원동력이 된다. 이 사실을 알게 되면 자신의 직업과 일의 위험에 대해 전혀 두려워하지 않는다. 우리가 레저 활동을 하는 것은 이기기 위함이다. 사람들이 일할 때도 점수와 규칙을 모른다면, 대부분은 게임을 하고 싶어 하지 않거나 최대한 안전한 방향으로 가려고 애쓸 것이다.

얼마나 많은 회사들이 안전하게 일하려는 직원들 때문에 실패했는지 생각해보라. 그들은 지지 않기 위해 안전한 길을 택할 뿐이다. 이보다 더 나쁜 것은 많은 사람들이 일상에서 자신의 일을 정말 하기 싫어 한다는 마음을 내비친다는 점이다.

나는 이 책이 지극히 여러 분야에서 활용할 수 있다는 점을 강조하고 싶다. 한 장을 떼어내어 다른 분야에 적용해도 무방하기 때문이다.

또한 나는 이 책 속의 개념들을 20년 이상 적용해왔다. 그리고 이 책 덕분에 긴 세월 동안 어려운 일들이 부딪칠 때마다 잘 견뎌낼 수 있었다. 이 책의 개념은 작은 회사든 대기업이든 어떤 환경에도 적용하여 똑같이 성공을 거둘 수 있다. 가장 하위 관리자부터 최고경영자에 이르기까지 효과가 있다. 그들 모두에게 적용할 수 있는 하나의 중요한 가르침이 담겨 있기 때문이다.

우리 회사의 다른 관리자들은 내 선에서 직접적인 도움이 되지 않을 때는 개별적으로 찰스의 도움을 구하기도 했다. 나는 많은 창업자들이나 간부들이 회사를 설립할 당시의 후원자들이 떠나고 나서야 이 개념들을 채택하는 사례를 많이 보았다.

삶은 다른 사람들과 상호작용하고 그들에게 동기를 부여하는 것들로 채워져 있다. 그들은 가족, 친구, 직장동료, 또는 우리가 매일 의존하는 수많은 다른 사람들일 수 있다. 우리가 만나는 모든 사람들을 상상해보라. 그들이 좋아하는 레저 활동을 할 때와 같은 열정으로 자신의 일에 임하도록 동기를 부여받는다면 어떨까. 모든 사람들이 바라는 것은 바로 이것이다.

비즈니스는 결과가 중요하다. 판매량, 가격, 투자이익 그리고 고객 서비스에 대해 매우 세부적으로 평가받는다. 하지만 항상 원인과 결과에 대한 논쟁이 일어난다. 비즈니스 전문가들은 고용이라는 원인과 그로 인해 올 수 있는 결과 사이에 상호관련이 있다는 것을 안다. 나는 즐겁게 일하는 노동이 좋은 결과를 가져오고, 여러 핵심적인 평가법을 통해 비즈니스를 더 쉽고 즐겁게 할 수 있을 것이라고 믿는다.

이 책은 활용하기 쉬우면서도 강력한 책이다. 어떤 사람이든 일을 레저 활동처럼 열정을 갖고 할 수 있도록 도와준다. 우리가 일을 레저 활동을 하듯이 한다면 결과는 기대 이상이 될 것이다.

로렌스 V. 잭슨(Lawrenece V. Jackson, 월마트 인사과 부사장)

| 감사의 말 |

그 어떤 책들도 작가 혼자서 만드는 것이 아니다. 앞으로 제시될 개념들은 최소한 부분적으로라도 플라톤과 아리스토텔레스와 같은 선지자들의 도움을 받은 것들이다. 그런 의미에서 『생각하라, 그러면 부자가 되리라(Think and Grow Rich)』의 저자인 나폴레옹 힐은 우리 모두의 멘토가 되었다. SMI(Success Motivation Institute) 사와 사장인 폴 마이어와 함께한 것을 출발점으로 해서 나는 이 책의 주된 개념들에 대한 통찰력을 얻게 되었다.

1971년 이후, 그의 프로그램들은 내 삶에 깊은 충격으로 다가왔다. 나는 이 책 속에 여러 분야에서 얻을 수 있는 다양하고 구체적인 자료를 담으려고 노력했다. 그리고 이 책을 출판할 수 있도록 도와준 많은 사람들에게 감사를 표하고 싶다.

그동안 이 책은 검증과 수정을 통해 계속 다듬어졌다. 나의 두서없는 생각들이 날개를 달아 하늘을 날 수 있도록 해준 우리의 팀원들과 간부들에게 특별히 감사를 드린다.

이 책이 1987년 처음으로 출판된 후, 그동안 많은 영향력이 입증되었다. 다른 특별한 결과들도 있었지만 수많은 회사와 경영자, 피고용자들이 이 책 덕분에 일터에서 즐거움을 느끼며 일할 수 있었다는 점이 가장 중요한 결과라고 할 수 있다. 지금도 이와 같은 영향은 계속되고 있다.

이런 결과가 가능한 것은 인간에게는 더 나은 것을 추구하려는 본능이 있기 때문이다. 사람들은 집에서나 일터에서, 그리고 인생 전반에 걸쳐 더 나은 삶을 살기를 바란다. 삶이 다른 사람에 의해 조종당하는 것을 원하는 사람은 없다. 모두가 성공하기를 바라고 잘 해내고 싶고, 그로 인해 인정받고 보상받고자 하는 것이 인간의 본성이다. 그러나 전통적인 방식은 인간의 욕구와 정반대로 이루어지는 경향이 있다.

많은 사람들이 매순간 자신이 맡은 일을 정확하게 해낸다면 좋지 않은 대우를 받는 일은 없을 것이다. 무소식은 희소식이 아니라 단순히 무소식일 뿐이며, 많은 경우 오히려 더 나쁜 소식일 가능성이 크다.

존 우든(John Wooden) 코치는 "무소식에 관한 것이 정말 중요한 문제임을 우리는 경험을 통해 알게 되었다."라고 말한 바 있다.

인간의 본성은 변하지 않지만, 우리는 현재 증명된 방법들이 많은 부분에서 이미 구식이 되었다는 것을 알 수 있다. 또한 경영 자문도 이제는 유행에서 한참 지났고, 베스트셀러 서적들도 최근에 떠오르는 새로운 경영자에 의해 쓰인 것도 아니다.

이 책은 하루 만에 소화하고 경험할 수 있는 특효약이나 묘약은 결코 아니다. 내가 말하고 싶은 것은 리더들이 좋은 성과를 내고자 한다면 팀 구성원을 위해 헌신하고, 스스로의 행동을 변화시킬 의지를 가져야 한다는 것이다.

지그 지글러(Zig Ziglar)는 이렇게 말했다.

"다른 사람들이 원하는 것을 얻을 수 있도록 당신이 기꺼이 도와준다면, 당신도 원하는 것을 얻을 수 있을 것이다."

그것이 인생을 살아가는 방법이다. 이 책에 담겨진 방법론과 생각의 기술은 무한한 인간의 잠재력을 이끌어낼 수 있는 열쇠가 될 것이다.

베이비 붐 세대에서 X세대와 21세기 디지털 세대에 이르기까지, 인간이 갖는 직업의 기대치와 경험은 그것들 간의 상이점보다 유사점을 찾는 것이 중요하다.

레크리에이션의 동기부여에는 다음과 같은 다섯 가지의 원리가 있다.

- 분명하게 정의된 목표
- 더 좋은 기록부와 득점표
- 빈번한 평가
- 방법에 대한 한 단계 더 높은 개인적 선택
- 끊임없는 지도

모험 여행은 매년 확산되는 추세다. 가장 빨리 성장하고 있는 분야는 마라톤 경주인데, 참가 경험자들이 재도전을 하기 때문이다. 미국의 모든 전문 스포츠 경기에는 리그가 존재한다. 타이틀 IX가 20년 전 대학의 여성 운동선수 세대를 대량 양산해냈고, LPGA와 WNBA에는 전대미문의 참가자들이 몰려오고 있다.

하지만 같은 시기에 근로자들의 업무 만족도는 침체된 상태이거나 오히려 더 떨어지는 현상까지도 나타났다. 그래서 일터에서 만족도를 끌어올리려는 욕구는 산업 전반에 걸쳐 풀어야 할 과제가 되고 있다. 이 책은 직장에서 신뢰를 받도록 할 뿐만 아니라 만족감을 높일 수 있는 방법에 대해 언급한다.

요즘은 충분히 자격을 갖춘 사람들조차 직장을 찾기가 어렵고, 직장에 들어가더라도 그 직업을 유지하기가 점점 더 어려워지고 있다.

이 책에서 언급하는 다섯 가지의 원리를 익히고 나면 조직 내에서 적절한 피드백 문화를 형성할 수 있다. 개인적으로는 최고의 직업을 얻고, 그것을 유지하는 데 도움이 될 것이다. 또한 기업 입장에서는 능력 있는 사원을 채용하는 중요한 열쇠를 얻게 될 것이다.

사람들은 자신이 좋은 대우를 받는 곳에 머물고 싶어한다. 별 볼일 없는 존재가 되거나 낮게 평가받으면 회사를 떠나고 싶어한다. 이는 많은 심리학자들도 동의하고 있는 것이며 결혼, 가족, 직업에 있어서도 마찬가지다.

이 책은 성공하기 위해 직업적 용어나 전문용어를 배우라고 요구하지 않는다. 그리고 우리가 일상에서 흔히 사용하는 친근한 언어로 씌어 있다. 그리고 포괄적인 내용을 담고 있기 때문에 어떤 상황에든 적용될 것이다.

회사 구성원 모두의 참여를 이끌어내지 않으면 100년 된 생필품 도매회사가 제조원가를 21%나 줄이는 일은 불가능할 것이다. 이 책은 구성원들에게 대항하려는 것이 아니라, 구성원들과 함께 하려는 과정을 담았기 때문에 매우 효과적이다.

국영 부동산회사가 광고효과를 400%나 향상되도록 만드는 것은 어려운 일이다. 하지만 광고 제작자가 자신의 인식을 바꾼다면 가능하다. 단순한 판매원이라는 인식을 뛰어넘어 자신이 일상에서 어떻게 세일즈를 성사시킬 수 있고, 어떻게 하면 발전할 수 있는지를 이해하려는 방향으로 가야 한다.

거대 소매업체들이 예산에서 인건비를 14%(전년도 대비 예산의 22%)씩 절감하는 것은 어려운 일이다. 하지만 이것도 참여에 의해 가능하며 어떤 스코어카드가 중요한지를 선택하고, 진정한 주인의식을 갖는 구성원들의 열정이 있으면 가능하다.

퇴직을 10년 남겨둔 CFO(최고 재무책임자)와 취임한 지 10년이 채 되지 않은 마케팅 이사가 모두 그들의 일에서 성공을 향한 스코어카드를 선택하고 높은 성과를 거두었을 때, 우리는 인간의 근본적인 성취욕을 자극했음을 알 수 있다.

나는 오늘날 성공하려는 사람들의 욕망이 이 책을 처음 출간할 때보다 더 강해졌다고 믿는다. 직업을 레저 활동처럼 여기도록 돕겠다는 우리의 강박관념은 사람들의 성공욕구에 의해 발생된다. 우리는 가장 길었던 도보여행의 길이, 마라톤 경주의 최고 기록, 심지어 우리가 얼마나 살을 뺐는지까지 정확한 통계를 통해 알고 있다. 우리의 경쟁은 다른 사람들과의 경쟁으로 이루어지는 것이 아니다. 처음에 경쟁을 선택했을 때는 분명 그들을 염두에 두었더라도, 사실은 자기 자신이 이전에 달성했던 최고 기록과 싸우는 것이다.

회사의 리더들은 높은 수준의 참여도, 열정 그리고 활력을 불어넣어주는 레저 활동처럼 동기를 부여할 책임을 가져야 한다. 그렇게 하면 스무 가지 이상의 좋은 결과들이 더불어 생겨나고, 은퇴기에 들어서도 모든 것을 그대로 유지할 수 있을 것이다.

왜 지금 이 책을 읽어야 하는가? 역사적으로 볼 때 인류는 더 나은 것을 위해 전념해왔기 때문이다. 또한 더 나아진다는 것의 의미를 리더들이 인지하고 추구하도록 이 책이 계속해서 가르치기 때문이다.

인간이 발전해나간다는 것은 나이나 배경과 관계없이 매우 중요하다. 우리가 이 책을 통해 사람들에게 성공적인 삶을 가르쳐줄 때 그들은 우리가 바라는 결과로 보답할 것임을 확신한다.

찰스 쿤라트(Charles A. Coonradt)

| 차 례 |

1

놀이처럼 일하라
THE GAME OF WORK

냉동식품 회사에서는 냉동 창고에서 일할 직원들을 고용한다. 업무 환경은 거의 0°C에 가까운 최악의 상태다. 노동조합과 직업안전 위생 관리국(OSHA)은 사람이 견딜 수 있는 작업환경으로 개선하려고 많은 노력을 기울여왔다. 이에 따라 회사들이 직원들에게 방한복과 방한 부츠를 제공하는 것이 의무화되었다.

사실 냉동 창고가 있는 회사들은 규격에 맞는 방한복을 공급해주는 업체를 따로 지정해두기도 한다. 이런 냉동 창고를 갖고 있는 회사들은 약 1미터 간격으로 따뜻한 음료를 배치해서 작업자들에게 제공해야 한다. 또 작업자들에게 한 시간마다 10분씩 휴식을 주어야 한다. 이런 환경에서 일할 사람들을 찾기란 정말 쉽지 않다. 추운 곳에서 일하기를 좋아하는 사람은 없기 때문이다.

겨울 눈보라가 대지를 휩쓸고 지나가면 하늘은 청명해지고 온도는 급격히 떨어진다. 그때마다 직원들의 결근이 갑자기 급증하는데, 특히 젊은 사원들이 많다. 그들은 집에 있기보다는 아무리 추운 날씨더라도 스키를 타러 떠난다. 알타, 스노버드, 파크시티와 같이 유명한 곳에서 갓 내린 가루눈 위에서 스키를 타고 싶어 한다. 그들은 수백 달러짜리의 스키 장비를 갖추고 스키를 즐기기 위해 월급 삭감까지도 흔쾌히 받아들인다. 그러고는 영하의 온도에서 하루를 즐기기 위해 티켓 구입에 75달러를 지출한다.

스키장 슬로프에는 따뜻한 음료를 제공하는 자판기 하나 없고, 스키를 타다가 잠깐의 휴식을 요구하는 사람도 없다. 하지만 사람들은 돈을 받으면서 일하는 업무환경보다 훨씬 힘든 레저 활동을 즐거워하며 거기에 기꺼이 돈을 지불한다.

사슴사냥을 예로 들어보자. 매년 10월의 셋째 주에는 수십만 명의 사람들이 월요일부터 목요일까지 마지못해 일을 한다. 그들은 천천히 무기력하게 일하면서 주말을 위해 힘을 아끼는 것이다. 그리고 목요일 오후가 되면 마치 밤새 활력을 주는 마법의 약이라도 먹은 것처럼 활기찬 모습으로 돌아온다.

그들은 눈을 크게 뜨고 소총을 닦으며 칼을 날카롭게 간다. 방수 부츠도 정비하고 캠핑카에 수백 달러치의 음식을 장만해 넣는다. 그들은 금요일 아침이 되면 5~6시간 동안이나 세상에서 가장 거칠고 험난한 길을 따라 운전한다. 가끔은 눈보라를 헤치며 가기도 한다. 다음날 아침, 그들은 새벽 네 시에 일어나서 베이컨, 계란, 감자튀김, 주스, 따뜻한 음료로 이뤄진 두둑한 아침식사를 해치운다. 사실 평일에는 차가운 시리얼 한 그릇도 비우기 힘들어하던 그들이 말이다.

아침식사 후 그들은 얼음장 같은 눈보라 속으로 간다. 친구가 죽으면 데려오지 못하더라도 죽은 사슴 한 마리는 끌고 오는 사냥 길에 나서는 것이다. 그들은 앞으로 얻게 될 그 고깃덩어리를 훗날 식료품 계산서의 비용을 줄일 경제적 투자라고 여긴다. 이 사냥꾼들은 돈을 받으면서 일하는 업무보다 훨씬 더 힘든 레저 활동을 즐거워하며 아낌없이 돈을 지불하는 셈이다.

하지만 왜 그럴까? 왜 사람들은 취미생활에 직업의 10배 이상이나 되는 에너지와 노력을 쏟아 붓는 것일까? 왜 돈을 받으며 일하기보다 더 힘든 일에 대가를 치르는 것일까? 거기에는 몇 가지 이유가 있다.

첫째, 사슴사냥에서 사슴을 명중시키기, 사슴과의 경쟁에서 이기기, 게임에서 지난번보다 더 높은 점수 획득하기 등 레저 활동에서는 목표가 명확히 정해져 있기 때문이다. 즉 원하는 결과를 분명하고 쉽게 평가할 수 있기 때문이다.

나는 그동안 캘리포니아 카멜에서 열리는 페블비치 골드코스(Pebble Beach Gold Course) 골프대회에 참가하고 싶었다. 그곳에서는 해마다 AT&T(미국 전화 전신회사)배 전국 오픈 골프 토너먼트가 열린다.

마침내 내가 그 대회에 참가했다고 가정해보자. 나는 이렇게 말할 것이다.

"경기에 참가하러 왔습니다. 코스를 안내하는 지도는 어디서 받을 수 있죠?"

하지만 안내인은 "우리는 그와 관련된 지도를 갖고 있지 않습니다."라고 말할 것이다.

"그럼 제가 어디서 경기해야 할지 어떻게 알죠? 첫번째 티가 어딘가요?"

"글쎄요. 토지 가격이 너무 높아서 코스의 절반을 콘도로 바꿨습니다. 게다가 우리는 몇 가지 규칙도 바꿨습니다. 첫번째 티 샷도 없어요."

"그러면 두번째 티는 있나요?"

"아뇨. 두번째 티도 없습니다. 사실 우린 이제 단 한 개의 티도 없어요."

“그럼 골프코스는 어떻게 되었나요?”

“그것 역시 없습니다.”

“경계선도 사라졌나요?”

“네. 하지만 무제한으로 공을 칠 수는 있어요. 그 공은 어딘가로 떨어지겠죠.”

“그럼 도대체 어떻게 골프를 칠 수 있단 말인가요?”

“우리는 그동안 왜 사람들이 6천700야드를 걸어 다니면서 골프를 치는지 분석해보았죠. 가장 큰 이유는 연습하기 위한 것이었어요. 여기 만보계가 있습니다. 아무 곳에서나 치세요. 골프클럽은 한 자루면 충분하니까 캐디도 필요 없을 거예요. 원하는 곳에서 치기만 하면 됩니다. 18번 홀을 치는 동안 70번이든 그 이상이든 충분한 연습이 되었다고 느낄 때까지 치시면 됩니다.”

나는 “농담하지 마세요!”라고 말할 것이다.

안내원은 계속해서 말한다.

“그렇지만 활동량은 같습니다. 손님께서는 여전히 연습을 하시고 골프채를 휘두르실 겁니다. 원하면 공을 멀리 던져버려도 됩니다. 그리고 잃어버린 공을 찾아 헤맬 필요도 없습니다.”

이렇게 말하는 사람을 상상할 수 있을까? 아니면 축구장에 갔는데 누군가 다음과 같이 말하는 것을 떠올릴 수 있을까?

“자, 축구는 대부분 달리기와 공 차는 것으로 이루어져 있습니다. 우리는 득점을 기록하고 싶지 않아서 골대를 모두 드러냈습니다. 당신은 45분간 축구장 어디서든 달리면서 공을 찰 수 있습니다. 그런 다음 집으로 가서 다른 사람들에게 얼마나 좋은 운동이 되었는지 말해주세요.”

만약 뉴욕 마라톤 대회의 기록원이 되었다고 가정해보자. 2만 명의 사람들이 26마일을 달리고자 새벽같이 브루클린 다리에 와서 두 시간씩 서서 기다린다. 이 많은 사람들이 달리는 것을 일일이 평가할 방법이 없다면 어떻게 하겠는가?

둘째, 레저 활동은 기록하는 것이 중요하다. 점수기록은 ①객관적이고 ②자기관리가 되며 ③동료에 대한 평가가 가능하고 ④역동적이고 ⑤선수의 현재기록을 자신의 이전 기록이나 공인된 기준과 비교해볼 수도 있다.

사람들은 레저 활동에서 점수를 기록하는 법을 안다. 하지만 기업에서는 때때로 업적들이 중요하게 평가되지 않는다. 또한 직원들은 점수기록 체계에 대한 이해가 부족하다. 어떤 경우에는 아무도 신경을 쓰지 않는다. 종종 기업의 점수기록은 객관성이 떨어지는 것도 사실이다.

나는 18타의 핸디캡을 안고 골프를 친다. 18번 홀에서 85타를 기록하면 정말 기쁘다. 하지만 때로 8타 혹은 10타의 핸디캡을 가진 친구들과 경기를 하게 되는데, 그들이 85타를 기록하면 패배한 것이고, 그들 스스로도 매우 실망하게 될 것이다.

골프에서 우리는 지난 기록을 보유하고 있기 때문에 진정한 현실적인 피드백을 얻을 수 있다. 우리가 타이거 우즈와 타수를 비교하게 된다면 심히 좌절해서 골프를 그만두게 될 것이다. 그를 결코 이길 수 없기 때문이다. 하지만 자신의 지난 기록과 비교한 피드백은 우리에게 분명 긍정적인 생각을 갖도록 해줄 것이다. 우리는 계속해서 골프를 치고 싶고 실력이 향상되기를 원할 것이다. 또 자신의 기록을 갱신해가면서 꾸준히 골프를 치길 바랄 것이다.

자신의 1마일 달리기 기록을 모르는 달리기 선수를 본 적이 있는가? 누구든 느릿느릿하게 조깅 수준의 달리기는 할 수 있다. 하지만 달리기 선수가 8분 안에 달려야 한다고 하자. 1마일에 계속 8분을 기록하다가 7분 40초 내에 달리게 되면 스스로 만족을 느낄 것이다. 그리고 7분대의 기록을 넘어서면 하루 종일 떠벌리고 다닐 만큼 자랑스러운 일이 된다. 일반인이 마라톤 대회에서 네 시간 이내에 뛰지 못했다거나 혹은 두 시간 내에 완주하지 못했다고 좌절할 필요는 없다. 우리는 지난 기록보다 잘 나왔을 경우 기뻐하면 그만이다. 지난번 마라톤에서 네 시간 십 분을 기록했다가 네 시간 안에 뛰게 되면 너무 기쁠 것이다. 두 시간 사십 분 안에 들지 못했다고 낙담할 필요가 없는 것이다. 내 기록을 비현실적인 기록과 비교하지 않기 때문에 스스로가 승자라고 느낄 수 있게 된다.

매년 여름 지역 텔레비전 방송국에서 주최하는 시민 테니스 토너먼트 경기를 생각해보라. 이 대회에는 약 2천700여 명의 참가자가 몰리는데 점수 기록요원은 네 명뿐이다. 프로골프 경기에서는 참가자가 140명인데 비해 기록요원은 세 명이다. 심지어 그들은 텐트 안에 앉아서 경기를 보지도 않는다. 왜냐하면 점수 기록표는 자기 자신에 대한 기록을 스스로 점검함으로써 동료를 평가하는 것과 같기 때문이다.

레저 활동에서 점수기록을 하다 보면 우리가 즉각적이고 현실적인 피드백을 얻을 수 있게 해준다. 우리는 매순간 어떻게 해야 하는지 알고 있다.

우리가 한 홀당 20달러씩 지불하며 골프장에서 골프를 치고 있다고 상상해보자. 앞으로 두 홀이 남아 있다. 한 골퍼가 상대방에게 내기를 걸자고 말한다. 마지막 두 홀을 치는 것은 두 배를 거는 것이다.

티 앞에 서서 공을 쳤는데 울타리를 넘겨버렸다고 하자. 그 골퍼는 그 문제를 상담하기 위해 프로 골퍼와의 인터뷰를 6개월이나 기다릴 필요가 없다. 그냥 매 홀마다 그 기록을 기록해두고 정확히 어느 위치에 있었는지를 기억하면 된다.

골퍼는 기분이 좋지 않을 수 있는데 그것은 타이거 우즈나 애니카 소렌스탐만큼 잘 치지 못해서가 아니다. 자신의 핸디캡에 상응하는 개인적인 기대에 미치지 못했기 때문이다.

점수기록은 동기를 유발하는 데 매우 효과적이다. 그것이 객관적이고 자기관리가 되며, 동료와 비교할 수 있으면 그만이다.

셋째, 레저 활동에서 피드백은 무엇보다도 자주 있어야 한다. 매일 모든 사람들은 자신들이 이겼는지 졌는지를 알 필요가 있다. 세계에서 가장 뛰어난 미식축구팀을 결정하는 슈퍼볼 경기가 열릴 때 미식축구 위원장이 축구장으로 걸어 들어와서 선수들에게 다음과 같이 말한다고 생각해보라.

"우리는 오늘날 미식축구를 비즈니스와 같은 방식으로 접근하기로 했습니다. 점수는 기록하지 않을 것입니다. 위원장은 단지 경기를 보고, 어떤 팀이 최고인지를 결정할 것입니다. 여러분은 우리가 결정한 것을 3개월 안에 알게 될 것입니다."

경기가 제대로 되었겠는가.

운 좋게도, 대부분 레저 활동에서는 우리에게 어떻게 하라고 지시하는 사장이나 상사가 없다. 우리는 게임 진행상황과 마찬가지로 점수에 대해서도 잘 알고 있다. 이는 단지 싫다는 이유로 누구도 바꿀 수 있는 것이 아니다. 피드백은 정확하고 자주 이루어진다. 우리는 공을 던지는 매순간마다 어디에 서 있어야 하는지 알고 있다. 그리고 모든 사람이 점수를 어떻게 기록해야 하는지도 안다.

피드백은 승자들의 아침식사와 같다. 사람들은 출세하고 승리하며 변화하길 원한다. 직업 또한 얻고 싶어 한다. 그리고 이들은 피드백을 받길 원한다.

어떤 분야에서든 성취의 질을 높이고 싶다면, 피드백의 빈도를 높여야 한다. 당신이 분기별 보고서를 작성했다면 이제 그것을 월별 보고서로 바꿔라.

그래도 효과가 없다면 주간, 또는 일간 보고서로 바꿔라. 피드백을 받는 횟수를 증가시키면 풀어야 할 문제들을 찾아내고 줄일 수 있는 기회를 더 많이 갖게 된다.

넷째, 레저 활동에서는 참가자들이 선택의 기회를 많이 갖는다고 느낀다. '해야만 한다'와 같이 선택의 여지가 없는 말들을 생각해보라. 이런 단어들은 흔히 비즈니스에서 자주 쓰인다. "난 테니스를 치러 가야만 해!"와 같은 말을 많이 들어오지 않았는가?

내가 테니스 선수라면, 골퍼들이 운동을 많이 한다고 생각하지 않을 수 있다. 그들은 공을 친 후 카트를 타고 가고 또 내려서 공을 친다. 공을 치고 카트를 타는 일을 반복할 뿐이다. 라켓볼 선수들은 테니스 선수들의 운동량이 많지 않다고 생각한다. 서브 타임의 절반 동안은 가만히 서서 서브 넣을 준비를 하다가 나머지 절반의 시간 동안 공을 쫓아다니기 때문이다. 또한 라켓볼 선수들은 고작 그 작은 공을 치기 위해 커다란 라켓은 필요하지도 않다고 말한다. 레저 활동을 좋아하는 이유 중 하나는 어떤 것을 하든 자유롭게 선택할 수 있다는 것이다.

관리자들은 스스로에게 질문해야 한다. 직원들에게 과제를 부여할 때 이와 같은 선택의 원리를 잘 이용하고 있는지를 말이다. 부하직원들이 관심을 갖고 있거나 잘하는 분야에서 일하도록 하고 있는가? 옛날 군대처럼 빵 굽는 사람에게 트럭을 운전하라고 명령하고 있지는 않은가? 자신이 하고 있는 일에 대해 전혀 선택권이 주어지지 않는다고 느낄 때, 사람들은 열정을 잃게 되고 그 일을 하는 것 자체를 고통스러워할 것이다.

다섯째, 레저 활동에서는 게임 중간에 규칙을 바꾸지 않는다. 낯선 마을에 가서 포켓볼을 쳤는데 이겼다고 가정해보자. 여덟 번 공을 넣자마자 한 사람이 이건 무효라고 주장한다. 공을 넣기 전에 '호머 심슨'이라고 외치지 않았다는 이유에서다. 당신이 칠 차례에서 갑자기 규칙을 바꿨기 때문에 분명 화가 날 것이다.

스포츠 경기에서는 이런 일이 일어나지 않는다. 농구공이 링을 통과하여 2점을 얻었다. 물론 3점 슛도 있다. 하지만 이렇게 점수를 얻는 규칙은 시즌 오프 때 정해지는 것이지, 농구경기가 한창 진행 중일 때는 불가능하다. 그러나 비즈니스에서는 규칙이 게임 도중에 바뀌는 일이 자주 일어난다.

어느 날 나는 전구회사의 지역 판매부장과 함께 앉아 있었다. 우리는 점수기록과 판매원들의 높은 동기수준을 유지하는 일에 관한 이야기를 하고 있었다.

"우리 회사는 좋은 점수기록 체계를 갖고 있어요. 우리 판매원들은 누적 포인트가 기록된 보고서를 정기적으로 받지요. 하지만 그 시스템이 동기를 부여하지는 못하는 것 같아요."

그가 말하자 나는 "그것 참 이상하네요." 하고 말했다. 왜냐하면 정말 괜찮은 점수체계처럼 보였기 때문이다. 그러자 그가 말했다.

"내가 추측하건대, 그들이 불만인 것은 전국적 연간 할당량 조정(Annual National Quota Adjustment)인 것 같아요."

"뭐라고요?"

"전국적 연간 할당량 조정 말입니다."

그는 그대로 말을 되풀이했다. 내가 그 용어에 익숙해지게 하려는 듯했다.

그래서 나는 그것에 대한 내용을 말해보라고 했다.

"회사 전체가 할당량의 125%를 달성하면 회사는 개개인의 점수를 100% 수준으로 낮춥니다."

"아, 이제 분명히 알겠네요. 당신 회사의 사원들은 자신의 실적을 실적으로 인정받을 수가 없군요. 당신들은 게임 도중에 규칙을 바꾸는 꼴이군요."

내가 말했다

식료품 매장을 생각해보자. 정육 코너 관리인이 충분한 매출을 올리지 못한다는 이유로 매장 관리인에게 혼이 났다. 매장 관리인은 이렇게 말했다

"이 일을 시정해야겠어요. 앞으로 정육부서에서는 5센트, 10센트짜리 동전 거래는 없애고 매출을 올리도록 하세요."

정육 코너 관리인이 동의했다.

조금 전에 왔다 간 존스 부인이 한 시간 후에 매장에 다시 왔다. 자신이 사간 구이용 쇠고기 때문에 불만이 가득했다. 그녀는 정육부서의 관리인에게 갔다. 정육부서 관리인은 방금 전 동전에 관한 규칙들이 규정된 터라 구이용 쇠고기 값을 환불해주지 않았다. 그녀는 결국 포기하고 매장 관리인에게 갔다. 그러자 매

장 관리인이 이렇게 말했다.

"걱정 마세요, 존스 부인. 정육 코너 관리인에게 고객들의 만족을 위해 최선을 다하라고 말해두겠습니다."

매장 관리인은 게임 중간에 규칙을 바꾼 것이다.

미식축구에서 규칙을 바꾸었는데 심판이 그 규칙을 터치다운 한 다음에 말해주었다. 공을 가진 공격수가 엔드 존에 쉽게 도달했다는 이유로 터치다운을 4점밖에 주지 않는다면 어떻게 될까?

게임 중간에 규칙을 바꾸는 일은 불확실함을 증폭시키는 것이다. 좋은 관리자는 이런 불확실함을 최소화하려고 노력한다. 운동선수처럼 노동자들도 자신의 위치가 어디인지, 또 점수가 어느 정도인지 분명히 안다면 더 나은 능력을 보일 것이다. 확실하다는 느낌은 직업에 대한 안정성도 함께 느끼게 해준다. 관리자들이 불확실한 모든 것을 제거할 수는 없다. 하지만 규칙을 중간에 바꾸지 않음으로써 불확실함을 최소화할 수는 있다.

일터에서 직원들의 기대치가 분명히 명시되고, 불확실함을 최소화하면 그들의 기대를 충족시켜 만족을 얻게 하는 것은 어렵지 않다.

이 다섯 가지 원리가 업무의 세계에서 적용되면 어떤 일이 일어나겠는가. 즉 레저 활동의 욕구를 일에 적용한다면 말이다.

목적을 달성하고자 하는 회사의 열정이 볼링시합이나 회사 간 토너먼트에 참가했을 때처럼 최고치에 달할 것이라고 상상할 수 있지 않을까?

미국은 생산성의 위기가 닥쳤다. 우리는 이 이야기를 매일 듣는다. 하지만 노동자들의 생산성은 점점 떨어지는데 반해, 레저 활동에 관한 흥미나 능력은 급성장하고 있다.

밖의 온도가 37°C 이상인데 실내의 에어컨이 꺼지면 사무실 내의 온도는 곧 26°C 이상으로 올라갈 것이다. 사람들은 자신들의 옷 칼라를 잡아 뜯으며 말한다.

"이봐, 이곳에서는 말하기조차 너무 괴롭군. 집에 일찍 가는 것이 낫겠어."

온도가 26°C까지 올라가면 일하기 힘들어진다는 것은 우리 모두가 동의한다. 하지만 우리는 37°C나 되는 바깥에 발을 내딛는 순간 이렇게 말할 것이다.

"골프나 테니스 치러 가는 건 어때?"

레크리에이션을 하고자 하는 욕구의 원리는 비즈니스에서도 적용된다. 이 책에서 나는 이 원리들을 하나씩 벗겨내고 그 뜻을 분명히 할 것이다. 그런 다음 그것들을 어떻게 적용해야 할지도 일러줄 생각이다.

전문 운동선수는 대가를 받으며 운동한다. 그들의 열정은 보수가 많고 적음에 의하지 않고 게임의 요소들이 어떠한가에 달려 있다. 우리들 각자도 그런 관점에서 게임을 즐길 수 있다. 우리는 이 책의 원리들을 실행하면서 우리의 열정, 즐거움, 목표달성을 이뤄나갈 수 있다. 이 책에서 우리 모두는 일이라는 게임에서 이기는 방법을 찾게 될 것이다. 이는 내가 전적으로 장담하는 말이다.

2

분명한 목표는 성공 엔진의 원동력이다

THE GAME OF WORK

운동경기에서 목표 설정이 어떤 역할을 하는지 살펴보라. 미식축구에서 목표가 없다면 어떻게 될까? 롬바디 트로피는 매년 최장거리를 뛴 팀이나 경기장에서 거리 표시를 없애기라도 한다면 경기 중 공격 시간이 가장 긴 팀에게 돌아가게 될 것이다. 그러면 미식축구는 그 수명을 판촉의 기준으로 삼는 비즈니스의 경우와 비슷해진다.

만약 농구에 목표가 없다면 열 명의 선수들은 코트 위에서 단지 공을 드리블하면서 왔다 갔다 하게 될 것이다. 이는 공만 없을 뿐, 비즈니스의 세계도 마찬가지일 것이다.

열두 명의 선수들이 얼음판 위에서 뛰게 되는 하키에서 만약 이겨야 한다는 목표가 없을 경우를 생각해보면 폭력성이 덜하다는 점에서는 실제 경기보다 더 낫다고 볼 수도 있을 것이다.

우리가 오락으로 하는 모든 활동은 궁극적으로 어떤 목표를 지향한다. 사냥을 할 때는 분 앤 크로켓(Boon and Crockett) 클럽과 같은 곳을 통해 길이와 넓이, 품질이 최고인 사슴뿔을 가려내고, 최상의 사슴뿔을 획득한 사람에게 트로피를 준다.

어떤 스포츠에서든 목표를 제외한다면 목표 설정과 그 실현을 위한 분투라는 오락 활동의 가장 중요한 측면을 배제시키는 셈이다. 우리에게는 태생적으로 무엇이든 더 잘, 더 빨리, 더 높이, 더 짧게, 더 길게 하려는, 그래서 결국은 이기고자 하는 성향이 있다.

수영선수 마이클 펠프스(Michael Phelps)는 시드니 올림픽 당시 15살이었다. 그때 세계 최고의 수영선수와 나란히 경쟁을 한 것이 더욱 분발하는 계기가 되었다. 그는 4년 후 아테네 올림픽에서 최고의 수영선수가 되기 위해 훈련했다. 그는 목표를 달성하기 위해 월, 수, 금요일에는 다섯 시간, 나머지 요일에는 두 시간 삼십 분만 수영장 밖에 있었다. 즉 그 시간을 제외하고는 하루 종일 수영장에서 훈련만 한 것이다. 그가 이렇게까지 혹독하게 훈련한 이유는 연습만이 최고에 도달하는 방법이었기 때문이다. 더불어 그에게는 세계 최고가 되겠다는 특별한 목표도 있었다. 그 후 아테네 올림픽에서 여덟 개의 메달을 목에 걸었는데 그 중에서 여섯 개가 금메달이었다. 그가 딴 메달들은 자신과의 약속을 지킨 결과물이었다. 펠프스는 "한번 목표를 정하면 그 일을 이루기 위해 시간을 투자하는 한, 어떤 것이라도 달성 가능하다."고 말했다.

이처럼 목표는 운동경기의 원동력이다. 그리고 운동경기의 목표는 비즈니스보다 더 분명하게 정의된다. '목표'는 왜 사람들이 돈을 받으면서 일을 하는 것보다 훨씬 더 힘든 레저 활동을 즐거워하며, 거기에 기꺼이 돈을 지불하는지에 대한 이유가 될 수 있다.

우리는 테니스 코트 위에 설 때 그 목표가 '승리하는 것'임을 안다. 축구나 미식축구를 할 때 어느 위치에 서 있어야 하고, 또 점수를 얻기 위해서는 어떤 작전을 수행해야 하는지도 알고 있다. 우리가 아침에 사무실에 출근했을 때도 마찬가지다. 운동경기와 같은 도전정신, 같은 기회, 같은 동기를 가져야 하는 것이다. 단순히 전화가 울리거나 메일이 오기만을 기다리면서 무슨 일이 일어날 때까지 책상만 지키는 것은 바람직하지 않다.

레저 활동의 목표도 분명히 정의할 수 있다. 목표를 분명히 정의할 수 있기 때문에 결과적으로 레저 활동의 욕구가 비즈니스보다 높을 수 있다. 레저 활동의 동기를 일터에도 적용할 수 있을까? 물론 당연히 그럴 수 있다.

일터에서 다음의 목표달성 기준을 적용한다면 레저 활동과 유사한 동기를 파악할 수 있을 것이다.

당신의 목표를 글로 쓸 수 있는가?

그린베이 파커스(Green Bay Parkers) 슈퍼볼 경기에서 우승한 이후 마이크 홈그렌(Mike Holmgren) 감독은 이렇게 말했다.

"이 승리는 우리가 모든 훈련에 참여했고, 매 게임이 분명하게 기록되고 잘 짜여진 목표가 있었기 때문이다."

사람들은 "아무것도 기록할 필요 없어. 중요한 목표는 머릿속에 간직하면 그만이야. 오히려 그럼으로써 정말 의미 있는 일들에 집중할 수 있어."라고 말한다. 그러고는 목표를 글로 쓰는 것을 피하려 한다. 그러나 만약 대화 중간에 배우자로부터 전화가 걸려왔다고 가정해보라. 배우자는 전화로 식료품 가게에서 여러 가지 물건들을 사다 달라고 부탁했다고 하자. 그러면 우리는 "잠깐, 잊어버리지 않게 메모할게."라고 말할 것이다.

글로 쓸 수 없는 목표는 단순한 바람에 불과할 뿐이다. 목표를 글로 쓴다는 그 행동 자체에 무언가가 있다. 즉 우리의 목표를 현실로 만들고 시행으로 옮기도록 도와준다. 목표는 한순간에 문득 떠오른 생각일 수도 있지만, 글로 적음으로써 그것에서 벗어날 수 있게 해준다. 기록되지 않은 목표는 쉽게 바뀌고 쉽게 잊힌다. 하지만 기록된 목표는 자주 재검토되기 때문에 현실이 된다. 그에 반해 기록되지 않은 목표는 읽을 수 없기 때문에 재검토될 수조차 없어서 반복에 의한 조건화가 이루어지지 않는다.

나는 큰돈을 내고 목표설정 관련 세미나에 참석했다. 그 후 나는 계속 놀라고 있다. 사람들이 목표를 글로 적는 것을 얼마나 싫어하는지 알게 되었기 때문이다. 그들은 슈퍼볼 챔피언들이 경기를 어떤 식으로 해나가는지 생각해보아야 한다. 우습게도 미식축구에서 프로와 아마추어의 주된 차이는 게임의 전략을 얼마나 문서화했는가에 달려 있다.

한 팀의 목표는 단순히 '선수권 대회에서 이기거나 최고가 되는 것'이 아니다. 좋은 목표는 세부적이고 분명해야 한다. 예를 들어 미식축구에서는 한 번에 공을 옮기는 거리, 공격과 방어 플레이의 수, 한 시리즈당 플레이의 수 등의 내용이 들어간다. 목표는 글로 표현됨으로써 세부적인 계획으로 나누어질 수 있다.

목표를 세부적으로 기록하지 않으면 중요한 비즈니스는 관리하기 어렵다. 건축가가 계획도 없이 50만 달러의 집을 지을

　분명한 목표는 성공 엔진의 원동력이다

수는 없다. 평범한 노동자들은 해마다 5만 달러, 그리고 10년이면 50만 달러를 벌게 된다. 하지만 그들은 이 돈을 구체적인 목표도 없이 써버릴 것이다. 그러고는 10년 후 얻은 것이 아무것도 없다는 사실에 놀란다. 남은 것은 자기 집이 작다면서 투덜대는 '불평'뿐이다.

목표는 온전히 자신을 위한 것이어야 한다

슈퍼볼 경

기는 선수에 의해 승패가 가려진다. 운동경기에서 팀의 성공은 각 구성원이 참여하여 이루어낸 결과일 때를 말한다.

내 기억으로 개인의 인내심을 잘 보여주는 가장 멋진 이야기는 솔트레이크 시티에서 열린 동계 올림픽 때 일어났다. 미국인 스노보드 선수인 크리스 클러그(Chris Klug)는 인생의 절반을 올림픽에서 메달을 따는 데 주력해왔다. 하지만 일본에서 개최된 올림픽에서 6위에 그쳤다. 그는 다시 자기 자신을 추슬러야 했다. 4년 후 올림픽이 모국에서 개최되었지만 바로 직전 그는 심각한 유전적 간질환에 걸려 누워서만 생활하게 되었다. 그는 간 이식을 기다리는 동안 인생에 대해 더욱 집착하는 모습을 보였다. 누워서 72일을 기다린 끝에 마침내 간을 이식하는 날이 되었다. 그는 몸무게가 30파운드나 빠졌고 건강상태도 심각했다. 올림픽이 18개월밖에 남지 않았을 때 많은 사람들이 올림픽 출전의 목표를 밀고 나갈 것인지 물었다. 그러나 클러그는 환자로 남아 있지 않고 끝내 재기하겠다는 불굴의 의지로 훈련에 착수했다. 그리하여 다시 올림픽에 출전하기에 이르렀다. 솔트레이트에서의 마지막 경기 바로 직전에 부츠의 조임 버클이 부러지는 불상사가 일어났지만 그는 단 몇 초 만에 버클을 테이프로 고정시켰다. 마지막의 심란함과 고민을 떨쳐버리고 지금까지 자신을 괴롭혀온 나머지 역경들을 헤쳐나갔다. 이런 인내심으로 그는 사람들의 기억에 가장 오래 남을 올림픽 메달리스트가 되었다. 역사상 처음으로 간 이식수술 후에 메달을 딴 사람으로 기록되었다.

페이튼 매닝(Peyton Manning)은 많은 패배를 겪고 몇 년간 슈퍼볼 진출이 좌절됐었다. 그는 프로 쿼터백 베테랑 선수로는 평균에도 미치지 못해 언론의 맹비난을 받았다. 그러나 2006~2007년 미식축구 시즌 플레이오프 경기에서 그는 인디애나폴리스 콜츠(Indianapolis Colts)에 내리 네 게임을 승리로 이끌었다. 그리고 시카고 베어스(Chicago Bears)와의 경기에서는 29대 17로 승리를 이끌어 최절정에 도달했다. 어떻게 페이튼은 그토록 뛰어난 선수가 되었고 웃음거리의 꼬리표를 뗄 수 있었을까? 그는 자신의 팀과 지역을 위해 뛰었을까? 부분적으로만 해당되는 질문은 없지만, 그는 절반은 자기 자신을 위해 승리한 것이다.

나는 누구의 회사에서 일을 하는가? 나는 내 회사에서 일을 하며 내가 사장이다. 회사의 수입도 고스란히 내 것이다. 즉 회사는 나, 나의, 나를 위한, 나의 것이다.

주변을 둘러보면 사람들이 자신의 일에서는 최소한으로 요구되는 사항만을 완수하고, 시간을 내서 다른 일을 하는 것을 알 수 있다. 일이 끝남과 동시에 그들은 어린이 팀을 지도하기 위해 휴일을 보낸다. 때로는 볼링 리그에 참가하고 산에 오두막집을 짓기도 한다. 특별하게 자신만이 할 수 있는 일을 찾는다는 것은 정말 멋진 일이 아닐 수 없다.

목표를 설정하고 달성하기 위해 노력하는 것은 공동의 목표와 개인 목표가 부합될 때 효과적이다. 즉 내가 속한 팀, 내가 속했을 때 목표달성이 쉽다. 소위 일류기업에 다니는 우수인재라고 불리는 사람들 중 그들이 '우리 회사'라고 말하는 것을 쉽게 들을 수 있을 것이다. 그렇다면 그들은 회사를 성공으로 이끄는 기업가적 자질이 있는 것이다. 개인의 목표와 회사의 목표가 맞물리기 때문이다.

목표는 긍정적이어야 한다

빈스 롬바디(Vince Lombardi)는 "운동경기의 목표란 정정당당하게 그리고 규칙에 따라 승리하는 것이다."라고 말했다. 운동경기에서의 목표란 패배와 좌절도 피하지 않는 것이다. 프로 골프 선수들은 치고 싶은 대로 치지 않는다. 타수 차를 유지하거나 더 벌리기 위해 계속해서 계획을 수정한다. 그들은 마음껏 그리고 더욱 적극적으로 칠 수 있는 타수를 포기했기 때문에 그 대가로 우승을 차지하는 것이다.

긍정적 목표의 좋은 예는 타율이다. 메이저 리그의 영원한 올스타인 데릭 지터(Derek Jeter)를 떠올려보라. 그는 현재까지 통산 3할 이상의 타율을 기록하고 있다. 그래서 메이저리그 야구 선수 중에 최고 수준의 연봉을 받는다. 아무리 지터라도 마의 4할 이상 타율을 기록할 수는 없다. 하지만 타율 4할이라는 목표는 테드 윌리엄스(Ted Williams)에 의해 달성되었다. 그래서 우리는 4할의 타율을 실현 가능한 긍정적인 목표, 즉 유효한 숫자라고 여기게 되었다. 우리는 이런 마의 수치가 잘못된 것이라고 간주하지는 않는다. 야구에서는 안타와 홈런의 개수를 셀 뿐, 삼진아웃의 수를 염두에 두지 않기 때문이다.

 분명한 목표는 성공 엔진의 원동력이다

미국에서 대부분의 사람들이 결심하는 대표적인 목표 두 가지는 금연과 체중 감량이다. 둘 다 부정적 방향의 목표다. 나도 예전에는 담배를 피웠었다. 반복적으로 피워서 습관이 되어버린 것이다. 365일 동안 매일 20개비를 피웠으니 1년에 7천 300번을 담배에 손을 댄 셈이다. 담배를 끊을 때의 문제는 팔이 주머니에서 입으로 옮겨가는 일을 갑작스럽게 그만두게 된다는 데 있다.

담배를 끊겠다는 결심은 부정적 목표다. 그보다는 담배를 피우지 않는 사람이 되겠다는 목표를 가지는 것이다. 담배를 피우지 않는 사람은 여러 가지 혜택을 얻을 수 있다. 자동차 보험료와 생명 보험료가 낮아지고 가구나 카펫도 손상되지 않고, 더 이상 담배 냄새로 인해 다른 사람들에게 피해를 줄 일도 없어진다. 목표를 달성하면 그들은 담배를 피우지 않는 사람이 누릴 수 있는 긍정적 혜택들을 얻게 된다.

한번 담배를 끊은 사람은 여전히 자기 스스로를 계속 흡연자라고 여기는 것 때문에 재발의 문제가 생긴다.

예전에 어떤 젊은 남자가 자신은 담배를 하루에 한 갑 반에서 두 갑을 피운다고 말했다. 그래서 내가 "그럼 하루에 35개비의 담배를 피우겠네요?"라고 말했더니 "아니에요. 그렇게 많을 리는 없죠."라고 했다. 하지만 한 갑 반은 30개비이고, 두 갑은

40개비이므로 그 중간은 35개비가 맞다.

자신이 피우는 양을 정확히 파악하게 되자, 그는 하루에 피울 담배 양을 미리 정해두고 그래프를 그려 그 개수에 맞춰가려고 노력하기 시작했다.

첫날, 그는 전에 피우던 대로 35개비를 피우고 더 이상 줄이려는 무리는 하지 않기로 했다. 하지만 그날 밤 10시에 그가 내게 전화로 물었다.

"제가 정해둔 양을 모두 피워야 할까요? 지금 32개비까지 피웠는데 솔직히 그걸로 충분한데요."

정해둔 목표를 달성하는 것이 중요하다는 것을 일러주기 위해 나는 35개비를 모두 피워야 한다고 말했다. 그는 그대로 따랐다.

다음날 그는 34개비로 목표를 정했다. 내가 하루에 하나씩 줄이라고 지시했을 거라고 생각할지 모르지만, 그렇지 않다. 단지 하루에 정해둔 만큼만 피우라고 했을 뿐이다. 그러면 그가 매일매일 스스로 정하고, 그 목표를 달성하겠다고 결심하는 것이다. 긍정적 자세와 긍정적 조건화는 그의 목표를 하루에 32, 31, 30개비까지 줄이게 했다.

2주 후 그는 담배를 끊고 싶다고 말했지만 나는 그렇게 해서는 안 된다고 했다. 그는 지금까지 수년 동안 하루에도 수십 번은 더 담배를 끊겠다고 했었고 그런 시도들을 합해보면 매해 몇 천 번씩은 담배를 끊는다고 선언한 셈이다. 그렇게 오래된 습관을 그만두는 데는 더 강력한 조치가 필요하다. 즉 단순히 끊는다고 하기보다는 구체적인 수치로 계획을 세워야 한다.

매일 아침 그는 하루에 얼마나, 그리고 언제 담배를 피울 것인지 결정했다. 그의 목록은 항상 '저녁식사 후'로 마무리되었다. 그는 하루에 정한 만큼 담배를 피운다는 습관을 익혔다. 그의 목표가 하루에 0개가 될 때, 그때서야 그는 "나는 담배를 피우지 않는 사람입니다."라고 말할 수 있게 될 것이다.

목표는 객관적으로 평가 가능하고 구체적이어야 한다

우리는 스포츠에 숫자를 부여한다. 두 자리, 세 자리 혹은 네 자리 수까지 가능하다. 골프에서 한 타의 거리는 측정하기에 짧은 거리는 아니다. 수백 미터일 수도 있다. 수영선수, 스피드 스케이트 선수, 활강스키 선수의 시간은 수천 초로 측정될 것이다. 그리고 한 가지 운동을 다른 것과 비교하기 위해서는 더욱 정확하게 재야 한다.

얼마나 많이, 얼마나 자주 그리고 언제까지 평가해야 할까?

평가할 수 없다면 목표를 달성했다는 것을 어떻게 알 수 있을까? 무형의 목표를 재기 위해서는 유형의 척도가 필요하다. 만약 참을성을 기르겠다는 목표를 정했다면, 하루에 몇 번이나 목소리를 높이는지 세면 될 것이다. 그 수가 줄어들면 인내심이 증가하고 있다는 뜻이다.

또한 외판원이라면 "내년엔 좀 더 잘할 거야."라고 다짐하기보다는 "내년엔 고객들에게 하루에 열 번씩 더 전화를 할 거야."라고 말해야 한다.

폴 메이어(Paul J. Meyer)는 이렇게 주장한다.

"명백한 목표가 명백한 결과를 낳는다. 목표가 분명하지 않으면 결과 또한 없다."

100명의 사람들을 한곳에 모아놓고 그들에게 경제적으로 독립하고 싶은지 묻는다면 어떨까. 모든 사람이 다 손을 들 것이다. 그런 다음 재무제표를 갖고 있는지 묻는다. 이것은 대출시 작성하는 양식 같은 것이 아니다. 여기에는 최근 90일 내의 자산, 채무 그리고 자기 자본이 명시되어 있다. 그러면 100명 중 90명은 손을 들지 않을 것이다.

여기 남은 열 명에게 1, 3, 5, 10년짜리 예측 재무제표 서식이 있는지 묻는다면 한 명만 남을 것이다. 미동도 하지 않는 이 한 사람은 백만장자임에 틀림없다. 이는 그 사람의 현재 배경이나 가진 돈, 수입에 따라 차이가 나는 것이 아니다. 그 사람에게는 구체적인 계획이 있다. 목표란 우리가 계획한 것을 얼마나 자주, 얼마나 많이 그리고 언제까지 그것을 해야 하는가에 대한 질문의 답이다.

만약 회사의 철학이 '고객은 왕이다' 라고 한다면 단골고객들의 주문을 퍼센트로 평가하고 싶을 것이다. 예를 들면 고객 한 명당 주문의 양, 거래 중 불평의 개수 등을 수치로 표시하고 그것을 어떻게 다룰 것인가도 함께 나타낸다. '회사가 그들을 얼마나 많이, 얼마나 자주, 언제까지, 평가하는가' 의 문제를 반영하지 않는다면 합리적인 목표를 가졌다고 말할 수 없다.

변하지 않는 평가단위로 서술하라

우리는 앞서 타율 4할과 같은 어려운 목표에 대해 다루었다. 테드 윌리엄스가 성취한 이후로 65년 동안 아무도 그 기록을 깨뜨리지 못했기 때문에 가치가 변하지 않는 목표라고 할 수 있다. 월급과 임무는 올라가거나 내려갈 수 있지만, 입장권의 가격은 계속해서 오른다. 그러나 분, 시간, 무게, 타점, 농구에서의 득점, 터치다운과 같은 것은 항상 절대적인 수치다. 가장 좋은 목표는 변하지 않는 평가단위로 서술되어야 한다.

미국 북서부의 한 제지회사에서는 복사용지를 생산 품목에 새롭게 추가하기로 결정했다. 이들은 이미 수년 동안 펄프 사업을 해왔고 달러가 아닌 톤 단위로 수치를 측정하는 데 익숙해져 있었다.

이 회사는 새로운 부서의 관리를 위해 본사에서 관리자 한 명을 파견했다. 그는 생산 평가에 있어서 이미 달러가 아닌, 톤 단위에 익숙해져 있는 사람이었다. 하지만 주변으로부터 복사용지에서는 모든 것이 달러 단위로 계산되어야 한다는 말을 자주 듣곤 했다. 그런 말에도 그는 "아니에요. 우리는 파운드와 톤으로 계산할 겁니다. 영업부서에서조차도!"라고 말했다.

그 당시 전 세계적으로 갑작스런 종이 부족 현상이 일어나 종이 값이 치솟는 사태가 발생했다. 다른 회사들은 종이 값이 매년 20~30% 오르는 동안 달러로 판매량을 계산함으로써 매출이 13~14%나 늘어난 것에 대해 자화자찬하고 있었다. 그러는 동안 이 회사는 승리의 휘파람을 불고 있었다.

다른 회사들이 인플레이션을 고려하지 않고 매출액이 증가한 것으로 목표를 달성했다고 여기고 있을 때, 이 회사는 인플레이션의 영향을 받지 않는 다른 수치, 즉 파운드와 톤 단위로 목표를 설정했기 때문이었다.

긍정적이든 부정적이든 비즈니스에서는 현실적인 영향력이 발휘된다. 종이 회사가 그랬던 것처럼, 우리가 계획된 목표를 이뤄낼 때 인플레이션의 희생자가 아닌 수혜자가 될 수 있을 것이다.

실제적인 일에서 목표를 평가할 때는 모두가 점수를 알고 있다. NFL 점수판에서 득점이 올라가면 우리는 그 점수를 통해 지금 어떤 일이 일어나고 있는지 알 수 있다. 또 어느 팀이 선두인지, 어느 팀이 따라잡고 있는지 그리고 어느 팀이 경기를 리드하고 있는지도 알 수 있다.

목표는 우리가 볼 수 있는 무언가로 평가되어야 한다. 백분율은 너무 모호하다. 판매부서 대표자가 오랜 생각과 자기 분석 끝에 판매 관리인에게 이렇게 말하는 모습을 상상해보자.

"내 목표는 생산량을 25% 올리는 겁니다."

그러면 판매 관리인은 "좋은 생각입니다. 내 기록에 따르면 지난 1월 대표님은 1만 달러 단위의 판매 실적을 올리셨군요. 그 목표대로라면 올 1월에는 1만 2천500달러 단위의 판매를 하게 될 겁니다. 훌륭합니다."

"잠깐, 1월 안에 1만 2천500달러의 목표를 달성할 방법이 없어요. 하지만 어떻게든 25%의 성장은 이뤄낼 겁니다.”

말도 안 되는 소리다. 그는 12개월 안에 어떻게든 판매를 이룰 수 있다는 모호한 생각을 갖고 있는 것이다. 하지만 실제적인 숫자의 목표를 마주하고 나니 당장 1월의 실적을 걱정하고 있다. 그러면 그 일은 실현되지 않을 것이다. 백분율보다 달러로 목표를 설정하는 것이 더 낫다. 목표는 몇 파운드, 몇 개, 몇 통의 전화, 몇 박스와 같이 우리가 보고 만질 수 있는 것으로 서술되어야 한다.

회사는 일을 다음과 같은 최소 네 가지 방법으로 평가할 수 있다.

1. 달러 판매와 관계된 인건비(대부분의 회계사들이 선호하는 평가법이다)
2. 인시(1인 1시간)당 달러 판매량
3. 인시당 인보이스(송장)나 주문 고객의 수
4. 인시당 생산량(파운드 혹은 톤)

인건비나 달러 판매량 모두 인플레이션을 유발하는 척도다. 따라서 복잡해질 수 있고, 수치를 나타내기도 어렵다. 유사한 형식 내에서 임금과 판매가격이 변화가 없다면, 오렌지와 사과를 비교하는 것과 같을 것이다.

 분명한 목표는 성공 엔진의 원동력이다

인건비를 달러 판매량과 비교할 때는 두 가지 변수 모두 인플레이션적인 변화가 쉽게 생길 수 있다. 따라서 달러 판매량과 인시를 비교하는 것이 낫다. 그러면 인플레이션 때문에 변하기 쉬운 변수는 달러 판매량 하나뿐이기 때문이다. 또한 시간은 인플레이션과 무관하기 때문에 평가하기가 쉽다. 즉 한 시간에 60분일 뿐 그 이상은 없다. 시간처럼 인플레이션의 영향을 받지 않는 변수에는 송장, 고객, 중량을 나타내는 파운드와 톤이 있다.

내가 한번은 관리인들에게 1주일 인건비가 1만 달러이고 직원은 한 시간에 5달러를 받는다고 가정할 때, 1%의 인건비를 줄이려면 1주일에 몇 시간을 줄여야 할지 물었다. 그러자 한 관리인이 계산기를 달라고 했다. 다른 사람은 그 문제를 풀 만한 정보가 부족하다고 말했다. 또 한 사람은 어떤 종류의 비즈니스인지를 물었다. 그 누구도 쉽게 답을 제시하는 사람이 없었다. 1만 달러의 1%는 100달러다. 한 시간에 5달러라고 한다면 회사에서는 1주일에 100달러를 아끼기 위해 20시간을 스케줄에서 빼야 한다.

하지만 이처럼 아무리 쉬운 문제라도 관리인들에게 계산하라고 해서는 안 된다. 치열한 경쟁 속에서 그들의 대화는 브릿지 토너먼트의 명령처럼 직접적이고 단순하게 이루어져야 하기 때문이다.

기한을 정해두어야 한다

오클라호마와 보이시 주립
대학 간의 '2007 피에스타볼 게임' 때의 일이다. 경기에서 7초가
남았을 때 35대 28로 오클라호마 팀이 이기고 있었다. 12승 0패
의 불패신화를 이어가던 보이시 주립대학 팀의 시즌도 끝날 것
이 분명했다. 보이시 팀은 50야드에 공을 갖고 있었고, 이기기
위해서는 네번째 다운 기회에 18득점을 해야만 했다. 하지만 불
과 한 번의 공격만이 가능한 시간이 남아 있었다.

보이시 팀의 쿼터백 제러드 자브란스키(Jered Zabransky)는
드리산 제임스(Drisan James)에게 12야드의 전진 패스를 했다.
하지만 행운의 여신은 그의 편이 아닌 듯했다.

연장전에서 오클라호마 팀은 터치다운과 포인트 애프터 킥
으로 선두를 되찾았다. 점수는 42대 35였다. 그때까지 보이시
팀은 여러 장벽에도 불구하고 후위를 잘 다루고 있었다. 그의 팀
은 다시 한 번 기로에 놓였다. 네번째 다운 결승점에서, 공은 보
이시의 러닝백 비니 페레타(Vinny Perretta)에게 곧바로 날아갔
다. 그는 데릭 쇼먼(Derek Schouman)에게 터치다운 패스를 했
고 점수는 42대 41이 되었다. 그들은 승리를 위한 시도로 2점짜
리 골킥을 선택했다.

브롱코스 자브란스키(Broncos Zabransky)가 마치 패스할

   분명한 목표는 성공 엔진의 원동력이다

것처럼 팔을 위로 젖혔다. 그리고 이안 존슨(Ian Johnson)이 그 볼을 잡고 엔드 존까지 달렸다. 완벽한 자유플레이였다. 그렇게 브롱코스가 세 번의 속임수 플레이를 함으로써 보이시 팀은 겨우 승리할 수 있었다.

기한이 없다면 목표도 없다. 목표를 정할 때는 얼마나 많이, 얼마나 자주 그리고 언제까지 해야 하는지를 설정해야 한다.

모든 스포츠 경기에서 가장 최고의 플레이는 전·후반 마지막 2분에 일어난다. 하키, 농구, 미식축구 등 어떤 것도 끝나기 직전이 흥미롭다.

이런 기한은 학생들에게도 통한다. 오전 10시가 되어서야 일어나던 학생들도 중간고사 기간 동안은 밤을 새워 공부한다. 장시간 TV쇼에서 벌어들이는 돈의 40%도 쇼의 마지막 부분이다.

이처럼 기한은 약속의 기초다. 기한은 사람들에게 있어서 아드레날린 촉진제이기도 하다. 또한 성공과 독창성을 부추긴다.

개인의 개성을 인정하라

1995년 세계 최고의 인라인 스케이트 선수인 데릭 파라(Derek Parra)는 열여덟 개의 세계 타이틀을 갖고 있었고, 미래의 촉망받는 선수였다. 스케이트의 제왕이라고 불릴 만했다.

그는 올림픽에서 금메달을 따고 싶었다. 하지만 인라인 스케이트는 올림픽 종목이 아니었다. 그래서 25살의 나이에 인라인 스케이트의 사촌뻘 되는 스피드 스케이팅으로 종목을 바꾸었다. 두 스포츠는 얼핏 비슷해 보이지만 두 가지 차이점이 있다. 스피드 스케이팅에서는 바퀴가 아닌 스케이트 날로 대체되고, 아스팔트가 아닌 얼음판 위에서 경기가 이루어진다.

파라는 캘리포니아 남부에서 자랐기 때문에 얼음을 구경조차 해본 적이 없었다. 하룻밤 사이에 그는 세계 넘버원에서 꼴찌로 전락했다. 그러나 그는 꿈을 위해 목표를 정하고 끈질기게 노력했다. 2002년 솔트레이크 시티에서 열린 동계올림픽에서 그는 결국 올림픽 금메달을 목에 걸었다.

폴 게티(J. Paul Getty)는 『부자로 사는 법(Being Rich)』에서 부자되기가 아니라 부자로 사는 법, 즉 부에 대한 책임들을 언급했다. 부를 발전시키고 관리하는 데 꼭 필요한 개성의 특징들도 다루었다.

또한 폴 마이어(Paul J. Meyer)는 "갖고자 하는 목표를 설정하기보다 먼저 되고자 하는 목표를 설정해야 한다."고 말했다.

이루고자 하는 목표란 그들을 승자로 만드는 무형의 특징들이다. 다시 말해, 부상에 대한 강한 공포가 있는 사람이 스키를

 분명한 목표는 성공 엔진의 원동력이다

잘 탈 수 없는 것과 같다.

만약 보통 사람이 평범한 직업에서 평균 수준의 수입을 벌어들인다고 하면, 환경이나 상황이 변하지 않는 한 돈을 왕창 버는 일은 결코 없을 것이다. 하지만 그들이 처한 상황 때문에 마음고생을 하는 일이 생기면 달라진다. 그들은 점점 궁핍한 상태가 될 것이고 수입도 늘리려고 할 것이다.

예를 들면 이혼으로 손실이 크거나 보험 없이 수술을 할 경우 그리고 세금징수처럼 그 돈을 메워야 하는 상황 등이다. 돈을 벌지 못하면 그들은 낙오자처럼 살 것이다. 아니면 그래도 최대한 임무를 다하기 위해, 도움을 받기 위한 누군가를 찾을 것이다. 혹은 정부의 도움을 받으려고 노력할지도 모른다. 우리는 목표, 또는 정신적 충격을 통해 변화할 수 있다. 승자는 변화와 선택의 귀재들이다.

과연 나에게 얼마나 도움이 되는가

목표와 이익은 서로 맞붙어 있다. WIIFM은 "What's in it for me?"의 약자로 '나에게 도움이 되는 것이 있느냐' 는 뜻이다. 우리의 목표 안에도 어떤 WIIFM, 즉 내게 이익이 되는 무언가가 있어야 함을 알아야 한다.

올림픽 출전선수들은 추월할 때의 전율, 국가의 명예, 메달이 수여되는 가장 높은 단상에 설 욕망으로 자극된다. 자본주의 체제에서 얻을 수 있는 가장 큰 이익은 우리가 하는 모든 일에서 WIIFM을 가질 기회가 있다는 점일 것이다.

다시 판매목표를 세우는 일로 돌아가자. 나는 재무제표를 달러로 환산하고, 앞으로 살아가기 위해 필요한 인생예산을 여러 부분으로 쪼갤 것이다. 그런 다음 그 나머지로는 무엇을 하고 싶은지 결정할 것이다.

목표를 작성할 때는 한 덩어리의 돈을 인생경비로 떼어두어야 한다. 그것은 그렇게 충분한 돈이 아닐 수도 있다. 판매원이라면 판매부장에게 가서 목표로 하는 임금을 올려줄 것을 청해라.

WIIFM은 사람들에게 이유를 설명해준다. 일상에서 벗어난 특별한 것을 질문 받을 때, 사람들은 그 이유를 알기 원한다. 그들은 방법에는 관심이 없다. 이유를 듣고 싶어 하는 사람에게 방법에 대해 말하기를 고집하면 의사소통은 별 효과가 없다. 하지만 이유를 분명하게 정의하면 우리가 원하는 업무수행을 할 수 있다. 그리고 결국 방법 자체도 주의 깊게 다룰 수 있

 분명한 목표는 성공 엔진의 원동력이다

을 것이다.

우리는 가끔 다른 사람과의 의사소통이 잘 이루어지지 않으면 그들이 우리의 요구를 거부한다는 생각을 하기 쉽다. 이것은 누군가가 어떤 행동을 고집할 때 왜 그 행동이 중요한지 이해하지 못했기 때문에 일어난다. 그러나 이유를 아는 것도 중요하지만 어떤 일이 끝나기도 전에 "왜 그 일을 하지 않느냐."고 묻는 것은 모순이다.

그 이유라는 것은 운동경기를 통해 명백히 알 수 있다. 우리가 이긴다는 생각을 하지 않으면 농구장에 가지 않는다. 또한 이긴다거나 좋은 시간을 갖는다는 생각 없이 경기하는 일은 없다.

사냥할 때 다리에 상처를 입기를 바라는 사람은 없다. 다른 좋은 일들이 있어 주기를 희망하며 사냥에 간다. 이유라는 것은 레저 활동에서도 필수적인 부분이지만, 간혹 그 중요성을 간과하기 쉽다. 또한 개인적, 사업적, 자원 봉사적 활동에서도 이유는 꼭 필요하다. 이익이 서술되지 않은 목표는 동기부여의 가치가 없다. 목표는 현실적이고 획득할 수 있어야 한다. 그리고 무엇보다도 성취되었을 때, 보상이 있을 것이라는 약속이 수반되어야 한다.

목표를 설정할 때는 목표 달성시에 실체가 있는 보상을 받도록 정해두는 것이 좋은 방법이다. 얼마나 신나는가! 배우자에게

“나는 저녁식사가 빨리 끝나기를 바라고 있어요. 그러면 책상 앞에 앉아 편하게 가스 요금을 낼 거거든요.”와 같은 말을 한 것이 언제인가?

새 정장을 사러 가는 것이 그렇게 신나는 일은 아니다. 하지만 목표를 완수했을 때 보상으로 사는 것이라면 분명 신날 것이다. 가게가 세일 기간이어서 사는 것보다 내게 중요한 일을 해낸 보답으로 새 정장을 사는 것이 더 기분 좋다는 뜻이다. 돈은 조금 더 낼지도 모르지만 그 옷을 입을 때마나 목표를 달성했다는 성공감이 되풀이될 것이다. 실체가 있는 보상을 받게 되면, 목표에 도달하는 일이 해야만 하는 일이 아니라, 하고 싶은 경험이 된다. 이것은 아주 큰 차이다.

음악을 즐긴다면 목표를 달성했을 때, 가장 좋아하는 음악 CD를 한 장 사라. 그리고 표지에 왜 그것을 샀는지 적어라. 시간이 지나 좌절하거나 다시는 해낼 수 없을 거라고 느낄 때, 그 CD를 들어라. 음악을 들으면서 표지에 쓰인 글을 읽고, 어떻게 그 목표를 달성하게 되었는지 기억해내는 것이다. 어떤 상황에서도 그 음악을 들으면 30분이나 반나절 후에는 더 이상 절망스럽지 않을 것이다. 물건은 그것이 승리를 축하할 때 더 의미가 깊어진다. 그리고 승리에 대한 실체가 존재한다면, 다시는 그 일을 잊지 않을 것이다.

미식축구에서 목표는 무조건 야드에 따라 결정된다. 그 예로 대학 미식축구의 전설인 우디 헤이즈(Woody Hayes)의 "겨우 3야드에 먼지구름이 인다."라는 말은 유명하다. 10야드를 가야 하는데 상대편의 저지로 3야드밖에 못 가고 여러 선수가 넘어진다는 뜻이다. 이 말과 함께 우디는 수십 년간 미식축구 선수들을 통틀어 최고 10위 안에 드는 영광을 얻었다. 3야드와 먼지구름의 태도는 갑작스런 성공이나 빨리 부자가 되는 계획보다 더 낫다.

한 해에 5만 달러 이상 벌어본 일이 없고 오랫동안 평균밖에 벌지 못한 사람들은 서두르면 안 된다. 하루아침에 수입을 10만 달러로 갑자기 늘리겠다고 무리하지 않길 바란다.

사람들은 대부분 갑작스런 소득능력의 변화에 필요한 인격과 직업습관을 만들 능력이 없다. 하지만 우리가 현실적인 목표를 세우고 그 실행을 위해 계속적인 노력을 한다면 큰 결과를 얻을 수 있을 것이다. 이것은 개인연금적금(IRA)의 광고와 같다. 광고에서, 우리가 25살 때부터 조금씩 모으기 시작하면 퇴직할 때쯤에는 백만장자가 될 수 있을 거라고 말한다. 폴 마이어(Paul J. Meyer)는 이것을 '진보적인 달성'이라고 부르고, 나는 '성공의 비밀'이라고 부른다. 만약 머릿속에 100만 달러를 얻을 수 있는 방법이 있다면 그것을 계속해나가길 바란다.

일반적으로 자기 계발 서적을 읽거나 동기부여에 관한 수업 과정을 듣는 일은 실제적으로 거의 변화를 가져오지 못한다. 변화는 이루기 어렵고, 종종 챔피언십 경기에서 엔드 존까지 향해가는 마지막 야드와 같다. 그러나 목표가 좀 더 현실적이거나 획득하기 쉽다면 변화를 보는 시각이 확대될 것이다. 최소한 조금이라도 변화될 것이다.

모든 회사는 조직 전체의 목표 아래, 부서의 목표 그리고 조직 내 모든 구성원의 개인적 목표를 갖고 있다. 이 모든 목표는 함께 추구되어야 한다.

때로 회사가 부서 내의 목표까지 파고들면 그들은 그 목표가 이미 끝난 것이라고 생각한다. 관리자는 개인의 사적인 목표에 간섭하거나 너무 가까이 해서는 안 된다는 말을 들은 일이 있을 것이다. 하지만 이는 허튼소리다. 개인의 목표는 기업 인사과의 기본 목표이자 계획이다.

사람들은 자신의 필요와 욕구에 의해 동기부여가 된다. 조직은 직원들의 욕구와 필요를 이해할 뿐 아니라, 어느 정도까지는 그 욕구를 가진 직원이 최고의 생산량을 얻을 수 있도록 하는 데 영향을 미치기도 한다.

 분명한 목표는 성공 엔진의 원동력이다

우리의 상당수가 어린 시절부터 '원하지 말라'고 길들여져
왔다. 성격 좋은 주일학교 교사는 우리가 부자이면서 동시에 정
직한 사람이 될 수 없음을 말해주었다. 하지만 우리가 욕망을 늘
릴 때 우리의 동기도 증가한다. 목표를 갖는다는 것의 의미는 욕
망을 갖는다는 의미다.

개인적 목표는 명확하게 정의할 수 있으며 협력의 기초가 된
다. 한 NBA팀이 플레이오프 시리즈 준결승전을 시작하자마자
일류 최고의 포인트 가드를 잃었다. 다른 선발멤버들이 가드의
빈자리를 보완하기 위해 플레이를 바꾸었지만, 처음 3점을 잃었
다. 코치는 예비 포인트 가드를 들여보내면서 실격된 최고 선수
가 함께하는 것처럼 경기를 하라고 말했다. 팀은 결국 모여서 힘
을 합쳤고, 그 시리즈 7게임까지 밀어붙였다. 훌륭한 개인의 수
행능력에 기초하여 팀워크가 완성된다.

3

평가가 의욕을 고취시킨다

THE GAME OF WORK

피겨스케이팅 관중과 아이스하키 관중의 차이를 아는가? 피겨스케이팅 관중은 선수가 멋진 경기를 펼쳤을 때, 정중한 박수를 보낸다. 아이스하키 관중은 얼음판 위의 선수들이 잘하거나 못하거나 무조건 소리치고 함성을 보낸다. 하지만 두 경기 모두 얼음판 위에서 이루어지고 수년간 준비해온 숙련된 스케이터들이 참가한다. 그럼에도 이 관중들의 차이는 도대체 무엇일까?

피겨스케이팅 관중이 소극적인 한 가지 이유는 얼음판 위에서 어떤 일이 벌어지는지 확실히 잘 모르기 때문이다. 그들이 아는 것이라고는 누군가가 스케이트를 타고 있는 것뿐이다. 관중들은 점수에 대해서는 전혀 모른다. 스케이팅이 모두 끝나고 나서야 심사위원들이 점수 카드를 던지기 때문이다. 그들은 5.7,

5.6, 5.2, 6.0과 같은 방식으로 점수를 준다. 여기서 가장 높은 점수와 가장 낮은 점수를 하나씩 버리게 되므로 결코 효율적인 시스템이라고 할 수는 없다. 게다가 스케이트 선수들도 자신이 선두를 달리고 있는지 뒤처져 있는지 바로 알기가 어렵다. 최악의 점수 기록 방법인 것이다.

반면 아이스하키는 모든 팬들과 선수들이 언제든 점수를 알 수 있다. 선두를 달리고 있는 팀은 점수를 알기 때문에 선두를 유지하기 위해 적절한 플레이를 한다. 뒤지고 있는 팀도 점수를 보고 따라잡기 위한 조치를 취한다. 팬들도 그 점수를 바탕으로 팀의 승리를 응원한다.

운동경기의 핵심은 바로 이런 점수기록이다. 성공했다고 평가받는 그 어떤 비즈니스에서도 점수기록은 빠질 수 없는 평가 매체다. 뉴스에서도 승부를 겨루는 사건을 보도할 때 가장 먼저 점수를 언급한다. 사람들은 누가 이겼는지 알고 싶어 하지만, 얼마나 큰 차이로 이겼는지도 궁금해 한다. 그래서 그 다음으로 보고되는 것이 구체적인 개인 평가와 팀 성과다. 스포츠에서도 점수기록표로 시작하고 거기에 논평을 덧붙인다. 하지만 비즈니스에서는 그 반대가 되는 경우가 너무 많다.

특히 프로 스포츠에서 점수평가는 게임에 대한 관심을 계속 유지하게 하는 요인이다. 야구에는 장타율, 타율, 득점과 같은 점수평가 방법들이 있다. 그리고 골프에는 장타평균, 퍼팅비율, 퍼팅 그린의 수, 한 회당 퍼트의 수가 있다. 농구 코치들은 공격과 수비전략의 효과를 평가하기 위해 공을 잡는 순간부터 공을 처리할 때까지를 점수로 계산하기도 한다.

모든 운동경기에는 그 경기만의 득점표와 득점게시판, 통계표가 있다. 비즈니스에서도 마찬가지로 업무관리자들은 생산성을 향상시키기 위한 새로운 점수평가법을 계속해서 관리해야 한다.

관리자의 첫째 임무는 규칙을 정하고 득점표를 만드는 것이다. 점수기록 체제가 전혀 없거나 구식이면 직원들은 피드백을 받을 때까지 기다리고 또 기다려야 한다. 그러면 그들은 이렇게 생각할 것이다.

"내가 얼마나 잘했는지 알기 전까지 더 이상의 모험은 하지 않을 거야."

새로운 직원이 들어오면 그들에게 득점표를 얼마나 빨리 만들어주어야 하는지에 대한 질문을 가끔 받는다. 그러면 나는 그들에게 소년 야구리그에 관한 이야기를 해준다. 아이들이 유니폼을 입은 그날 아이들의 타율진단에 들어간다. 모든 타자, 모든 외야수가 경기장에 들어간 순간부터 능력이 평가된다. 하지만 비즈니스에서는 직원이 새로 채용되면 그들에게 90일 동안 대충 시간을 보내라고 한다. 그리고 결과는 그 이후에나 알려준다. 게다가 그들이 평가하는 것이라고는 대부분 '어떤 머리스타일을 했는가', '점심에는 어떤 메뉴를 먹었는가', '몇 시에 집에 가고 싶어 하는가'와 같은 것들이다. 점수기록을 위한 진단은 첫날 이루어져야 한다.

관찰, 판단, 평가의 세 가지 경영방법

회사를 경영하는 방법으로는 크게 세 가지가 있다. 관찰, 판단, 평가의 방법이다. 이때 우리가 평가에 의한 경영을 할 때, 점수기록이 이루어진다.

관찰 경영

관찰 경영은 판매 관리자인 존(Jone)이 까다로운 판매관련 모임에 갔을 때 일어났다. 존이 4년간 애써왔던 두 회사 임원간의 만남이었다. 그는 판매부서 대표자들을 찾아갔는데 그들은 판매장 테이블에 앉아서 웃으며 좋은 시간을 보내고 있었다. 존은 둘 중 한 사람이 그 중요한 만남을 계획했다는 사실을 모르고 있었다.

두 사람이 앉아 있는 모습을 본 존은 감정이 상해서 프레젠테이션을 중단했다. 그리고 판매장 가장자리로 걸어가서 벽에 기대며 말했다.

"이봐요, 당신들이 본격적으로 일을 했다면 우리가 이런 판매부진은 겪지 않았을 거예요."

회사에서 이런 상황은 항상 일어난다. 관찰에 의한 경영에는 세 가지 근본적인 문제가 있다.

첫째, 책표지만 보고 책을 판단하거나 예고편만 보고 영화를 판단하면 대부분의 경우 부적절한 판단을 하게 된다.

둘째, 관찰 경영은 어떤 일이 진행되고 있는 것과 관계가 없다. 존은 두 사람이 앉아서 즐거운 시간을 보내고 있는 것을 관찰했다. 한 토막의 장면에서 전체 사건을 파악할 수는 없다. 이것은 치어리더들이 뒤돌아서 있을 때 심판이 판결을 내린 것과 같다. 즉 자초지종을 모르는 치어리더가 심판이 잘못된 판결을 내렸다며 소리치는 꼴이다.

셋째, 관찰 경영은 일반적으로 부정적이다. 인간은 긍정적인 것보다 부정적인 것을 더 쉽게 관찰하는 특성이 있다. 두 젊은 판매원들이 전화를 하고 있었다면 존은 아무 말도 하지 못했을 것이다. 관찰에 의한 경영을 선택하면 성공할 방법이 전혀 없다.

판단 경영

판단 경영은 존이 판매장 옆을 걸어가고, 두 판매원이 테이블에 앉아 잡담을 하는 짧은 시간에 일어났다. 존은 이런 판단을 하기 쉽다.

"요즘 애들은 내가 처음에 사업을 시작했을 때만큼 열심히 일하지 않는단 말야."

어떤 사람이 2001년에 실수한 것을 모든 사람이 기억하는 경우가 있다. 그가 과거의 실패와 같은 절차를 밟고 있는 것처럼 보이면 사람들은 "예전에 그가 ~을 했을 때를 기억하나?"라고 말한다. 판단에 의한 경영의 가장 큰 위험요소는 불충분한 자료를 갖고 너무 과도한 일반화를 시키는 점이라고 할 수 있다.

누군가의 잘못을 지적해야 할 때는 항상 극도로 세부적이어야 한다.

"왜 항상 늦는 겁니까?"라고 말하기보다 "당신은 화요일 오후 약속에 45분 늦었습니다."라고 말하는 것이 좋다. 하지만 불행히도 대부분의 관리인들이 평가보다도 판단과 관찰에 의한 경영 방법을 많이 쓴다. 판단은 또 다른 섣부른 판단을 부르고, 이것은 다시 편견을 부른다. 또한 편견은 무지함을 부른다.

사람들은 부정적인 것들을 일반화시키는 경향이 있다. 예를 들면 누군가가 월요일 아침에 요즘 경기가 안 좋다고 말하면 그 날은 아무도 물건을 사지 않는 것을 볼 수 있다. 사람들은 한두 가지 부정적이 사건들에 대한 생각을 암 덩어리처럼 자라나게 하는 경향이 있다.

"당신은 항상 ~한다."

"자네는 한번도 ~한 적이 없다."

"너는 ~하지 않을 것이다."

부정적인 것의 일반화는 그것이 진실이라 해도 오히려 해롭다. 대신 안 좋은 상황을 설명해야만 할 때는 구체적으로 말하려고 최선을 다해야 한다. 판매가 얼마나 많이 감소되었는가? 내가 몇 통의 전화를 했는가? 나와 관련된 구체적인 행동은 무엇인가? 따라서 일반론적 관점에서 헤매지 않길 바란다.

평가 경영

평가 경영은 효과 있는 경영의 한 방법이다. 나는 비즈니스나 인생에서 우리의 발전은 우리가 평가하는 능력과 직결된다고 믿는다.

400년 전 인간이 가질 수 있는 유일한 휴대용 시간평가 기계는 마차에 실어야만 하는 물시계였을 것이다. 10피트의 높이에 300파운드의 무게가 나가기 때문에 말로 끌어야 한다. 게다가 물이 쏟아지기라도 하면 정확한 시간을 유지하기도 어렵다. 그 당시 가장 작은 평가단위는 헨리 왕의 엄지손가락에서 그의 코에 이르는 거리, 즉 1미터였다. 사람들이 만드는 모든 것은 이 단위를 기초로 설계되었다.

오늘날은 평가에 있어서 훨씬 진보했다. 우리에게는 메모리 칩이나 통합회로와 같은 것이 있다. 따라서 정말 작은 평가 단위를 사용하면 수천의 숫자가 짧게 표시될 수 있다. 또한 쿼츠(Quartz) 손목시계는 쿼츠 수정이 진동하는 빈도수를 기본으로 해서 만든다. 평가와 계산 없이는 그런 과학 기술도 불가능할 것이다. 우리의 발전도 평가하는 능력이 향상되었기 때문에 가능하다.

평가에 의한 경영은 평가되는 과정과 관계가 있다. 테이블에 앉아서 다른 판매원과 친근한 대화를 하는 능력은 판매직으로서의 성공과 관계가 없다. 오래 앉아 있는 일은 생산적 활동을 할 시간을 빼앗아가는 것이 분명하기 때문이다.

그래서 첫째로, 평가는 과정과 관련이 있다. 특히 우리에게 재무제표상에서 무슨 일이 일어났는지 말해준다.

둘째, 평가는 일반적으로 정확하다. 우리가 무언가를 평가할 때, 우리는 실제적 숫자를 얻게 되고 우리가 어느 위치에 서 있는지도 알게 된다. 그 예로, 우리가 앉아서 재무제표를 작성할 때를 들 수 있다. 재무제표는 우리의 자산과 빚을 나열한다. 그렇기 때문에 대부분의 경우 우리는 그동안 생각으로 느꼈던 것보다 경제적으로 훨씬 더 나은 상태임을 발견할 수 있을 것이다. 우리가 서 있는 위치를 알기 때문이다.

셋째, 정확한 평가는 일을 놀이처럼 즐길 수 있게 해준다. 참가자들은 이기는 방법을 알고 있기 때문이다. 구체적으로 평가되면, 직원들이 이기는 것이 갑자기 가능한 일이 된다.

그럼 정확하게 평가할 때 많은 이득을 얻을 수 있다면 왜 사람들은 더 많이 평가하지 않는 것일까? 아마도 평가하는 데 어려움이 있거나 시간이 많이 걸린다고 생각하는 사람들이 있기 때문일 것이다. 어떤 사람들은 진실에 대한 두려움 때문이라고 말할 수도 있을 것이다. 스스로가 잘 해낼 거라고 생각하지 않기 때문에 그 진실을 바라보기 두려운 것이다. 그들은 스스로가 승자라고 생각하지 않으며 그 때문에 점수도 알고 싶어 하지 않는다. 하지만 그들이 깨닫지 못하는 것이 있다. 바로 점수를 기록하지 않으면 절대 이길 수 없는 점이다. 점수 없이 이기는 방법은 세상 어디에도 존재하지 않는다.

직원이나 선수는 세 가지 유형이 있다.

1. 이기고 있다고 믿는 사람

2. 지고 있다고 믿는 사람

3. 점수조차 모르는 사람

그들이 이기고 있든, 지고 있든 길게 봤을 때 점수를 기록하는 사람이 승자가 된다. 그들 스스로의 행동에 대해 개인적 책임을 받아들인 사람들은 지고 있더라도 점수를 안다. 경제적 독립에 성공한 사람은 득점을 알고 이뤄낸 것이다. 비록 여정이 순탄치 않더라도, 사람들은 구체적인 목표를 세우고 그 목표에 도달하기 위해 발전해간다.

나는 자기 점수도 모르는 승자는 만나본 적이 없다. 선두가 누구인지도 모르는 프로골프 선수를 본 일도 없다. 사람들은 실행하고 자기행동을 수정해간다. 그때는 득점표라는 받아들일 수 있는 기준으로, 주어진 피드백에 기초해 수정하는 것이다.

노틀담 미식축구팀의 전통은 라커룸의 작은 것에도 반영되어 있다. 그곳에 가면 팀이 승리할 때마다 상대팀보다 높았던 자신들의 점수를 온 벽에 붙여둔 것을 볼 수 있다. 그 영향력은 대단하다. 승자는 결과를 기록하고, 패자는 이유를 기록한다.

랜스 암스트롱이 투르 드 프랑스(Tour de France)에서 연속 우승한 경기를 관람한 사람이 있다. 그는 암스트롱이 세부적인 내용에 심혈을 기울이는 모습에 계속 놀랐다고 한다. 2천 마일을 달리는 3주짜리 자전거 경주에 100명 이상의 선수가 참가했는데 그는 다른 선수들과 비교하여 자신이 어디에 위치해 있는지 뿐만 아니라 모든 사람들이 어디에 서 있는지도 항상 알고 있었다고 한다.

그는 우연히 알게 된 사실들을 그냥 버리지 않는다. 동료 선수의 도태, 라이벌의 강점과 약점, 자기 자전거의 부품, 투르에 대한 준비운동, 참가한 다른 경주자들 등 이 모든 것을 알고 있는 것이다.

경주 날 그는 후원 차에 타고 있는 팀 매니저와 통신을 이용해 계속적으로 연락을 한다. 이 덕에 비가 내리려는 참이면, 암스트롱은 하늘을 보지 않고도 안다. 달리는 길 앞쪽에 기름이 있으면 도착하기 전에 미리 그 위험을 안다. 라이벌이 강해 보이든, 약해 보이든 그는 모두 안다. 다른 경주자들은 바뀌는 상황이나 라이벌의 행동 때문에 자주 놀라지만 암스트롱은 거의 놀라는 일이 없다. 그리고 그는 매년 이 3주짜리 경주에 참여하겠다고 결심하면 샹젤리제에 가서 승자의 노란 저지셔츠를 사 입는다.

랜스 암스트롱과 같은 승자들은 스스로 실패할 수도 있는 요소들을 인지했을 경우 승리의 기쁨이 더욱 높아진다는 것을 알고 있다.

일이라는 경기에서는 구경꾼처럼 소극적인 태도를 취할 수 없다. 나의 정기 입장권을 신발 한 켤레와 바꿀 수 있어야 하고 점수를 얻을 수 있는 분야만을 습격해야 한다.

평가에 의한 경영은 우리가 중립적 생각이나 객관적인 말을 할 수 없을 만한 진실을 마주하게 한다. 사람들에게 일을 끝냈는지 물어보면 그들은 "기본적인 것은 끝냈어요." "꽤 많이요." "거의 다 해갑니다."라고 말한다. 하지만 이것은 목적의 20% 정도만 완수했다는 말을 의미한다. 이렇게 돌려 말하는 것은 진실에서 도망가려는 태도다. 영어에서는 이것을 완곡어법이라고 한다.

완곡어법은 빠져나가려는 말들을 의미한다. 이런 언어는 비즈니스 사회에 만연해 있다. 우리가 전혀 알지 못할 때 '꽤 많이'라는 말을 사용하고, 심지어 시작도 안 했을 때 '거의 끝나간다'고 말한다. 일을 끝내지 못했는데 '완료 직전'이라고 하기도 한다. 완곡어법을 피하려고 노력하면 의사소통의 질이 향상될 것이다.

어떤 사람들에게는 정확한 평가가 너무 많은 진실을 보여줄 수도 있다. 따라서 패자들은 정확한 평가로 인한 진실을 마주할 용기가 없는 것이다. 그들은 결과보다 행동에 초점을 맞춤으로써 실패를 피하려고 한다. 평가가 이루어지면 그들은 결과보다 행동에 초점을 맞추며 피하려고 하지만, 일단 정확한 평가가 이루어지려면 분명한 초점이 생기고 숨을 곳은 없어진다.

지고 있는 상황에서도 점수를 계속해서 기록할 용기가 있으면 오랜 관점에서 더 많은 승리를 얻을 것이다. 또한 점수를 기록하면서 불확실함을 없애면 손해를 계산하는 능력도 향상될 것이다.

캐시플로 완곡어법

미국에는 비즈니스 리더들이 만나서 먹고 운동하며 서로간의 문제를 공유하는 사적인 모임이 있다. 그들은 모임 안에 들어서면 "요즘 비즈니스 어떤가?" 하고 묻는다. 그러면 상대방은 "나쁘지 않아. 그냥 현금 흐름에 작은 문제가 있을 뿐이야."라고 한다.

그러면 질문을 한 사람을 비롯해서 다른 사람들도 이집트 신이라도 되는 듯한 표정으로 다들 알겠다는 듯이 고개를 끄덕인다.

"무슨 말인지 알겠네. 우리도 다들 같은 처지야."

이들이 말하는 것은 무엇일까? 기업에 현금이 거의 없거나 원활하지 않다면 왜 나쁘다고 말하지 않는 것일까?

현금 흐름의 문제는 완곡어법이며 현실도피다. 즉 심각한 기업문제를 피하기 위한 방법이다. 현금 흐름은 비즈니스가 얼마나 견실한지에 대한 척도다. 현금 흐름 문제를 빼고 모든 것이 괜찮다는 말은 환자의 상태가 고열이 나는 것 빼고는 건강하다고 말하는 것과 같다. 경영자는 이렇게 피하기보다 회사의 문제를 직면하고 처리할 수 있는 용기를 가져야 한다.

이들이 말하는 문제 중에서 진정한 현금 흐름의 문제는 없다. 그들이 현금 흐름의 문제라고 부르는 것은 더 심각한 다른 문제의 징후일 뿐이다. 아마도 문제는 재고 때문에 빚진 돈을 다시 징수할 수 없는 것에 있을 것이다. 회사는 너무 많은 양, 혹은 엉뚱한 종류의 재고품을 샀고, 그 초과분을 처분해버릴 대담성이 없었을 것이다. 아니면 가격을 올려서 제 가격에 상품을 판매할 용기가 없었을지도 모른다. 사업 규모를 50% 확장해도 충분할 정도의 인력을 잘라낼 철두철미함이 없었을 수도 있다. 그래서 아마도 벌어들이는 것보다 지출이나 손해가 많은 경영으로 곤란을 겪게 되었을 것이다.

어떤 최고 경영자에게 "요즘 사업은 어떠신가요?"라고 물었을 때 이렇게 대답하는 경우를 생각해보자.

"글쎄, 우리가 판매 가능한 것보다 많은 양의 재고품을 사들였다는 점을 빼면 괜찮아. 그에 대한 돈을 회수할 수 없을까 봐 걱정이야. 가격을 올려서 물건을 팔 용기도 없어. 필요하지도 않은 직원들을 해고시킬 수도 없고……. 지금 우리 회사는 벌어들이는 것보다 빠져나가는 돈이 많은 상태야. 그래도 기본적으로 최악의 상태는 아니지.”

클럽에 있던 모든 사람들은 그를 보면서 그를 ‘진실한 경영자’라고 생각할지도 모른다.

히틀러의 선전활동을 담당했던 조셉 괴벨스(Joseph Goebbels)는 거짓말도 오랫동안 강력하게 하면 모든 사람이 믿게 될 것이라고 했다. 앞에서 경영자가 말한 것을 믿어버리듯이 말이다.

현금 흐름의 문제는 다음의 다섯 가지 주요 문제점으로부터 나온 개념이다.

1. 많은 재고와 부동자산
재고는 묶여 있는 가격이고, 빨리 현금화되지 않는다.

2. 과도한 고액의 어음
어음은 현금화되기까지 시간이 걸린다. 현금이 빨리 돌지 않게 되면 신용이 취약한 상태가 될 수밖에 없다. 사업을 확장한다고 생각하면 그런 고액의 어음으로는 현금 유동성이 낮아지게 되어 사업 확장이 쉽지 않게 된다. 이런 것을 모르고 있으면, 결과적으로 지불이 되지 않을 구매에 대해서조차 그저 많이 파는 것이 이익이라는 잘못된 인식을 가질 수도 있게 된다.

3. 불충분한 매출 수익률

매출이 떨어질 때 부족한 부분을 메우려는 의지가 없다.

4. 가격을 낮추려는 조치에 대한 의지부족

나는 얼마나 많은 사람들이 가격 인상 없이도 매출을 500만 달러에서 700만 달러로 늘릴 수 있는지를 보고 항상 놀란다. 이들이 비즈니스를 시작했을 때 가격은 적정 수준이었고 매출은 200~300만 달러였다. 하지만 세일즈가 슬럼프에 빠졌을 때 원가를 줄이는 방법은 고려하지 않는다.

나는 가격이란 것이 기업의 장기적인 손해 없이는 뒤집기 어렵다는 것을 인정한다. 건물, 부동산처럼 고정된 것들은 계속 가격이 상승한다. 건물에 사람과 재고가 꽉 차면 불필요하게 많은 현금이 유출된다는 것을 인정할 수 없다. 목표는 우리가 이득과 생산성을 최고로 얻을 수 있는 최적의 수준을 찾는 것이다. 그때까지 이를 악물고 대처해야 한다.

5. 소유주나 의사 결정자에 대한 부적절한 보수

이익은 감소하는데 직원들의 보수를 늘리는 소유주나 경영자는 결국 스스로 직업적 종말을 맞이하게 된다. 현명한 농부는 다음 농사를 위해 종자 옥수수는 절대로 먹지 않는다.

비즈니스에 종사하는 사람들은 운동경기로부터 배울 수 있는 교훈을 잊기 쉽다. 즉 운동선수들은 점수를 타협하는 일이 없다. 어떤 팀이 터치다운으로 점수를 얻었다면 가로채기나 우연히 얻었기 때문에 심판이 "4점밖에 줄 수 없어요."라고 말할 수 없다. 얼마나 쉽게 점수를 얻었든지 터치다운은 6점이다. 반면 비즈니스에서는 말로 진실을 가려버리는 경우가 많다. 따라서 "그들이 한 일은 기준 미달이었어요. 그러니까 잘했다고 할 만한 최소한의 레벨에 조금 못 미친다는 거죠."라고 말하기보다 차라리 "그들은 이번에 완전 엉망이었어요."라고 말하는 방식으로 바꿔야 한다. 우리는 정확하게 말하고 핵심을 전하는 용기를 가져야 한다.

우리는 지금까지 '현금 흐름 문제'라는 완곡어법을 즐겨 사용해왔다. 현금의 흐름이 잘 안 되면, 즉 예전엔 물을 마구 쏟아내던 파이프에서 물방울이 떨어진다면 그 파이프의 어딘가에서 새고 있는 구멍이 있듯이, 성장을 멈추게 한 전 단계에서 현금 흐름이 끊기고 수익금이 남지 않는 시기가 있었다는 보편적인 통설에 현혹되지 말라. 수익금이 발생하고 그것이 자금으로 축적되지 않는 한, 성장이라는 것은 무의미하다. 정당한 소득은 과거에도 미래에도 항상 튼튼한 회사의 표상이다.

현금 흐름의 문제는 그 자체로서만 존재하지 않는다는 것을 기억해야 한다. 점수를 기록할 수 있는 어떤 일에 문제가 있을 때, 바로 그 문제가 현금 부족 현상을 나타내는 것이다. 결국 진짜 문제는 따로 있는 것이다.

점수기록의 기본적인 사항

다음은 몇 가지 기초적인 점수 기록 방법이다.

1. 단순하고 객관적이어야 한다

어느 날씨 좋은 날, 나는 골프장의 18번 홀을 향해 가고 있었다. 한 골퍼가 공을 쳤는데, 개울 근처의 바위에 튕겨 나무에 부딪치고, 또 그 공이 벙커에 굴러갔다가 결국 그린 위에 놓여졌다. 거기 있던 한 프로선수가 나를 건너다보며 말했다.

"점수만으로는 이 많은 것들을 설명할 수가 없네요."

농구 점수도 운 좋게 얻은 공격이나 고군분투한 리바운드에 대해 우리에게 말해주지 않는다. 미식축구 점수도 얼마나 많은 가로채기가 있었는지, 또 받아야 했는데 받지 못한 패스미스에 대해서 알려주지 못한다. 하지만 선수 개개인은 정보유출, 방해, 가로채기, 공을 놓치는 실수를 한다. 그들은 한 게임당 얼마만큼의 실수를 했는지 정확하게 알고 있다. 한 게임뿐 아니라, 전체 시즌 혹은 몇 년간의 것도 알고 있다. 다시 한 번 말하지만 단순하게 기록해야 한다.

2. 스스로 관리해야 한다

골프나 테니스처럼, 점수기록은 선수 개인에 의해 기록되고 갱신되어야 효과적이다. 이것이 바로 골프 토너먼트에서 140명의 참가자의 점수기록을 텐트 안에 있는 세 명이 모두 해낼 수 있는 이유다. 또한 네 명이 수천 명의 테니스 토너먼트 경기 참가자들의 점수를 기록할 수 있는 이유이기도 하다. 때때로 경영자들은 비서들에게 그래프와 차트를 만들라는 지시를 하는 실수를 저지른다. 혹은 2~3일 후에 점수를 컴퓨터로 인쇄하기도 한다. 하지만 자기 스스로가 관리하는 그래프와 점수기록이 최고의 방법이다.

사람들이 자기 점수를 기록할 때, 그들은 스스로가 이겼는지 졌는지 그날 바로 알 수 있다. 또한 승패로 인해 코치의 기분이 좋고 나쁘고를 떠나, 그동안 얼마나 많은 발전을 했는지도 알 수 있다. 선수들은 점수표를 제출하기 전에 결함을 고칠 수 있다. 우리의 자아개념이나 자아상은 우리가 스스로에 대해 무엇을 알고, 또 무엇을 증명할 수 있는지에 기초한다. 많은 국토횡단 선수들은 경주를 시작할 때, 한쪽 발을 앞으로 빼고 오른쪽 손가락을 왼쪽 손목 위에 두고 시작한다. 출발 총소리가 울릴 때 왼쪽손목의 스톱워치를 누를 수 있도록 준비한 것이다.

3. 현재를 과거의 수행 능력과 비교할 수 있게 해야 한다

우리가 골프를 칠 때 1973년 U.S. 오픈 당시 조니 밀러(Johnny Miller)의 63타를 이겨야 하는 것이라고 생각해보자. 혹은 아니카 소렌스탐(Annika Sorenstam)과 필 미켈슨(Phil Mikcelson) 시합의 59타보다 잘해야 한다면 골프는 인기 있는 여가활동이 되지 않았을 것이다.

골프는 내가 하이 핸디 캐퍼인 나 스스로와 비교할 수 있는 점수기록 체계를 갖고 있어서 널리 사랑받는 것이다. 내가 골프 코스를 돌아 90타 선(현재 95타 선임)을 깬다면 정말 흥분할 것이다. 나는 이 점수를 지난번 점수와 비교하거나 프로들의 점수와 비교할 수도 있다.

마라톤도 비슷한 점수기록 체계를 갖고 있다. 우승자가 결승점에 도달하자마자 시계를 꺼버린다면 보스턴 마라톤(Boston Marathon)에 참가한 사람들이 난동을 부리지 않을까?

게임에서도 점수기록의 성공이라는 것은 이번 성과를 지난번의 성과, 혹은 국가적으로 인정받은 평균과 비교하는 데 달려 있다. 하지만 비즈니스에서는 그렇지 않다. 회사에서는 우리가 얼마나 잘했는지를 평가하기 위해 애매하고 인위적, 강제적인 기준에 비교하는 점수기록 체계를 만들고 있다.

4. 역동적이어야 한다

점수는 선수들이 경기 도중 자신들의 경기내용을 반성하게 한다. 회사에서의 점수기록은 아이스하키와 같은가, 아니면 피겨스케이팅과 같은가. 컴퓨터 사용이 가능하기 때문에 모든 비즈니스 정보는 즉시 이용 가능하다. 그렇기 때문에 얼마나 잘했는가를 평가하기 위해 한 달이 지나도록 기다릴 필요가 없다. 하루 단위로, 심지어 매 시간마다 알 수 있기 때문이다.

아이스하키처럼 직원들은 일을 하는 도중에도 자신들의 수행 정도를 알 수 있다. 하지만 대부분의 회사에서는 제2차 세계대전 이전과 같이 아직도 1년에 열두 번의 회계기한을 고수하고 있다. 따라서 3월에 얼마나 성취했는지는 4월 중순이 지나서야 알 수가 있는 것이다. 3월의 일을 조정하기에는 이미 너무 늦은 것이다.

이번 장에서 다룬 원리들을 조합해보려면, 볼링 경기를 생각하면 된다. 의욕 없는 볼링선수를 본 일이 있는가? 모든 선수들이 점수를 기록하는 법을 안다. 선수들은 공을 던지고, 핀이 쓰러지면 환희에 차서 뛰어오른다. 상금을 위해 어떤 일이든 할 것 같은 모습이다.

일은 볼링과 비슷하지만 다른 점이 있다. 즉 볼링 핀을 앞에 두고 커튼 뒤에 감독원이 있다. 그들은 핀을 볼 수 있지만 공을 던지는 사람은 볼 수 없다. 직원들은 공을 던진 후 볼링공이 핀을 쓰러뜨린 것 같은 소리를 듣고 묻는다.

"어떤가요?"

그러면 감독원은 "공 잡는 방식을 바꾸게."라고 한다.

"그것보다, 방금 제가 어땠나요?"

직원이 묻는다.

"발을 좀 움직이게."

감독원이 지시한다. 그러면 직원은 공 잡는 방식을 바꾸고 발을 움직여서 또 다른 공을 던진다. 볼링 핀이 쓰러지는 소리를 듣고 직원은 "내가 잘하고 있나요?"라고 다시 묻는다.

감독원은 "엄지손가락을 넣는 구멍에 테이프를 붙여보는 것이 어떤가?"라고 말한다.

인내심 많은 직원은 또다시 반복해서 묻는다.

"내가 잘하고 있나요?"

"그건 걱정하지 말게. 앞으로 6개월 안에 자네에 대한 비평이 있을 거야. 그때는 알게 해주지."

이런 상황에서 볼링이 얼마나 인기를 유지할 수 있을까? 그리 오래가지는 않을 것이다.

평가에 의한 경영방법을 믿는 감독원들은 팀 구성원들이 볼링을 치고 있는 동안에는 볼링 핀 앞에서 덮개로 가리는 일은 하지 않는다. 그들은 선수들이 몇 개의 볼링 핀을 쓰러뜨렸는지 정확히 알게 해준다.

점수기록 시스템의 실행

이 책에서 언급된 평가 원리들은 실제 업무현장에서 조심스럽게 도입되어야 한다. 어디든 항상 변화에 대한 저항이 있기 마련이다. 과거의 활동에 초점을 맞추었던 경영자나 직원들은 비활동적인 일에 두려움을 느낄 수 있다. 그들의 성과를 인정하지 않는다고도 할 수 있기 때문이다.

진실은 고통스럽고 협박으로 느껴질 수 있다. 평가 경영에 의해 좋게 평가된 직원들은 자기 스스로의 의지나 선택에 의해 그렇게 되길 바란다. 그렇게 되면 평가 시스템으로부터 많은 이득을 볼 수 있을 것이다.

오늘날 수많은 중간 관리자들은 자신들이 사람들을 대하는 것에 무능력하다고 생각한다. 그들을 관리하고, 함께 이야기하고, 훌륭한 직원을 만들어내고, 훈련시키고, 나아가게 하고, 움직이게 하는 것을 어렵게 느낀다.

미국의 전통적인 경영철학은 예외에 의해 운영하고, 문제에 초점을 맞추며, 급한 불은 끄는 것이다. 이것은 찬사와 칭찬에 인색한 결과를 낳았다.

우리는 잘하고 있는 것보다 잘 못하고 있는 문제에 대해 말을 한다. 결과적으로 성취한 것보다 단점을 강조하기 때문에 가치가 떨어진다.

쓰리 도그 나이트(Three Dog Night)라는 그룹이 부른 '축하(Celebrate)' 라는 히트곡이 있다. 이 노래를 경영자들을 위한 주제곡으로 정하면 좋을 것이다. 우리는 그동안 경영 스타일에서 감정적인 부분을 제외시켜 왔다. 그러나 우리는 축하의 샴페인 세례를 받는 NBA 챔피언과 스탠리컵(Stanley Cup)의 승자들을 볼 수 있다. IBM사는 그들의 목표달성을 축하하는 것을 실제 기업무화로 발달시켰다. 이것은 비난할 여지가 없다. 점수기록이 먼저 존재하고, 그것을 통해 언제 축하 파티를 해야 하는지 알 수 있기 때문이다.

좋은 점수기록 시스템은 직원과 관리자가 동료, 부하, 상사의 눈을 통해 자기 자신의 가치를 확립할 수 있도록 도와준다. 모든 사람들은 공정하게 보상받고, 또한 정확한 기준에 의해 공격당하며 처벌받는다. 이 모든 것이 정확한 수행기록표와 점수표에 기초하는 것이다.

4

피드백은 고래도 춤추게 한다

THE GAME OF WORK

미식축구 리그(NFL: National Football League) 개막 시합 바로 직전, 수석 코치가 자기 팀의 라커룸으로 와서 쿼터백 선수에게 100가지의 작전들이 순서대로 나열된 종이를 건네준 다고 하자. 그러면서 "이번 경기에서 여러분이 반드시 수행해야 할 작전들입니다. 정확히 순서대로 해주길 바랍니다."라고 말한 다면 어떤 일이 벌어질까?

선수들이 이 말에 찬성할까? 당연히 모든 선수들이 반대할 것이다. 그들은 코치가 정신이 나갔다고 생각할지 모른다. 왜 일까?

어떤 주어진 상황에서 최선의 경기라고 불리기 위해서는 작 전을 요구하는 사람은 지난 몇 번의 경기를 통틀어 피드백을 주 는 것이 당연하다. 몇 야드를 얻었는지, 어떤 전위가 라인 오브 스크리미지(경기가 시작될 때 공이 중앙을 지나 사이드라인에서 사이드라인까지 뻗는 가공의 선)나 바람의 방향을 빼앗겼는지, 또 어떤 수비수가 빈틈을 내주었고, 누가 이중수비를 했는지를 보고해주어야 한다. 그리고 첫번째 다운이나 터치다운에서 몇 야드가 남았는지 등에 대해서도 알려주어야 한다.

시합이 시작되기 바로 직전에 미리 짜인 작전들을 건네주는 것은 피드백을 고려하지 않은 처사다. 그러므로 선수들이 피드백을 이용하지 않는다고 해서 놀랄 사람들은 없다. NFC, NCAA(미국대학체육협회), 혹은 고등학교 경기에서도 이런 조치로는 승리하는 데 방해가 될 수 있다.

그러나 비즈니스에서는 얼마나 자주 직원들에게 직업 기재 사항이나 미리 짜인 계획을 주고 있을까? 그러면서 어떤 피드백도 없이 모두 성취해내기를 기대한다. 비즈니스 분야에서도 이 사실을 인정하고 있다. 운동경기와 같이 비즈니스에서나 인생에서나 일반적으로 피드백은 중요하다.

배우자가 미용실에 갔다와서 "내 머리스타일 어때요?" 하고 물을 때는 피드백을 바라고 있는 것이다. 아이가 자기에게 주어진 일을 모두 끝냈거나 제대로 임무를 완수했을 때는 동료나 윗사람으로부터 의견을 듣고 싶어 한다.

운동경기에서 피드백은 비즈니스보다 더 분명하게 반영되

고, 자주 일어난다. 비즈니스에서도 피드백이 활발해지면 그 결과는 극적으로 바뀌게 된다.

　몇 년 전, 한 택배 운송업 회사에서 조언을 구하려고 나를 방문한 적이 있었다. 그들은 어떤 문제보다도 운송명세서를 서류철로 정리하는 것에 관심이 많았다. 그 회사는 연방정부 관할이었기 때문에 심사를 위해 모든 것이 서류철로 되어 있어야 했다. 그들은 매년 수백만 항목들을 파일로 만들었는데 36년간 네 명이 작업을 해왔고, 3일 분량이 항상 밀려 있었다. 그들이 처음 회사를 시작한 그날 서류철 작업은 3일치가 뒤처졌고, 업무량의 격차를 줄일 수가 없었다.

　나는 서류철 작업 담당 부서의 상사에게 말했다.

　"서류철 작업을 제대로 하지 않으면 절대로 관리할 수 없어요."

　모두가 그녀의 대답을 추측할 수 있을 것이다.

　"우린 너무 바빠서 그 수를 셀 수가 없어요."

　나와 함께 있던 부사장 중 한 명이 제안을 했다. 그는 서류철을 해야 하는 자료들의 무게를 재면 평가할 수 있을 것이라고 했다. 종이 한 장은 같은 크기에 같은 무게이므로 이 방법이 효과적일 것이라고 생각했다. 나도 좋은 생각 같았다. 하지만 상사는

"내가 들어본 것 중 두번째로 바보 같은 소리네요."라고 말했다.

결국 우리는 어떻게든 해결해보겠다고 그녀에게 말했다. 그리고 골프의 핸디캡과 유사한 평가 체계를 생각해냈다. 인시당 몇 그램의 작업을 했는지 살펴보기로 한 것이다.

하지만 상사는 "그런 건 필요 없어요. 내 부하직원들은 회사의 어떤 다른 직원들만큼 열심히 일합니다. 매일 많은 양의 일을 하지요."라고 했다.

그래서 나는 "그것을 당신이 어떻게 압니까?"라고 물었다.

"우리는 네 개의 서류 바구니가 있어요. 매일 아침 내가 서류들을 네 개의 바구니 안에 정확하게 나누어 주죠. 내가 서류정리 직원들에게 직접 주기 때문에 양은 모두 똑같아요."

"그럼 일의 양이 많은 날에는 어떻게 하나요?"

내가 묻자 그녀는 내가 마치 바보 같다는 표정으로 나를 바라보고는 말했다.

"그럼 바구니가 평소보다 더 차겠죠."

그녀는 서류철의 무게를 재야 한다는 우리의 주장을 수용할 생각이 없는 것이 분명했다. 바보 같은 짓이라고 여기는 것 같았다. 그녀는 원하지 않았지만 결국엔 한 사람당 하루에 서류철 한 양을 재기로 동의했다.

첫날 우리는 인시당 평균 624그램(22온스)의 일을 해낸 것을 알게 되었다. 우리는 이 방법이 좋은지 나쁜지는 정말 몰랐다. 단지 시작일 뿐이라고 생각했다. 그 다음 주에 우리는 점수기록 카드를 직원들에게 주고는 어떻게 점수를 기록하는지 가르쳤다. 마치 그들에게 게임을 가르치는 것 같았다. 그들은 인시당 자신들이 몇 그램의 일을 했는지 기록했다.

그러자 재미있는 일이 일어났다. 둘째 주에 그룹 평균이 936그램(33온스)까지 올랐고, 그 주 끝 무렵에는 36년 만에 처음으로 하루치 분량까지 따라잡았다. 기적을 목격한 셈이었다.

상사는 나에게 와서 말했다.

"지금보다 더 빠르고 정확하게 일할 수는 없을 거예요."

"이해합니다."

내가 말했다.

"맞아요. 이제 걱정하지 마세요."

그 다음 주에는 인시당 1천276그램(45온스)까지 늘었다. 어떤 금전적 포상도 없었고, 위협이 될 만한 징계도 없었다. 그렇다고 승진을 보장한 것도 아니었다. 차이가 있다면 수행정도를 평가해서 점수를 기록한 것뿐이었다. 그 부서는 더 이상 밀린 일거리가 없었다. 그리고 그날 할 일을 오후 두 시면 모두 끝낼 수 있게 되었다. 넷째 주가 되자, 인시당 1천531그램(54온스)까지 증가해서 서류철 작업은 매일매일 오전 11시 30분이면 끝났다.

나는 상사가 시간당 624그램(22온스)의 일을 하면서 더 이상 빠르게 할 수는 없을 거라고 말한 것을 기억했다. 내가 마지막으로 확인했을 때, 한 시간에 2천42그램(72온스)이었고 계속해서 증가하고 있는 중이었다. 그 부서의 전 직원은 여덟 명이었는데 그 절반밖에 안 되는 사람들이 서류철 작업을 모두 해낸다는 것이 더 큰 장점이었다. 서류작업 일을 하지 않던 다른 두 사람이 회사를 그만두어야 했을 때, 서류작업 직원들은 상사에게 가서 말했다.

"그들이 하던 일을 우리가 어떻게 평가해도 괜찮다면 우리가 그 일을 하겠습니다."

고가의 완구 통신판매 카탈로그를 보면 모든 종류의 평가기계들을 파는 것을 알 수 있다. 최근 광고는 조깅할 때 손끝을 갖다 대면 심박수를 평가해주는 39달러짜리 기계를 내보냈다. 우리가 살았는지 죽었는지를 알려주는 기계다. 다른 기계로는 199달러짜리 속도 평가기가 있다. 이것은 공중에 있는 야구공의 속도를 평가할 수 있게 해준다. 광고는 우리의 아들이나 딸이 던진 야구공의 속도를 평가할 수 있다고 말한다. 그리고 그 공의 속도는 점점 빨라질 것이라고 강조한다. 같은 기계를 삼각대 위에 올려놓으면 테니스 서브 속도도 잴 수 있다. 이런 기계가 만들어지고 팔리는 이유는 생산자와 소비자가 같은 원리를 이해했기 때문이다. 바로 성과가 평가되고 다시 보고되면 향상되는 정도에 가속도가 붙는다는 점이다.

아마도 생체 자기제어 기능 중에서 가장 눈에 띄는 향상은 바로 심장일 것이다. 환자는 심전도기의 화면을 보면서 스피커 시스템을 통해 자신의 심장 박동을 들을 수 있다. 환자는 실제로 자기의 심장을 빨리 뛰거나 천천히 뛰게 하는 법을 배울 수도 있다. 피드백이 이런 일을 가능하게 한다.

효과적인 피드백은 그 용어 자체에 의해 성취되는 것이다. 즉, 자원 대비 성과율(Results-to-Resources Ratio)과 같은 용어를 보면 알 수 있다. 이는 이용 가능한 자원으로 얼마나 많은 성과를 냈는가를 뜻한다. 우리가 앞에서 본 서류철 작업에서 '인시당 몇 그램(온스)을 이루어냈는가' 와 같은 것이다. 성공한 관리자는 같은 양의 자원으로 최대한의 성과를 이루어내는 사람이다. 아니면 아주 소량의 자원으로 같은 결과를 이루어내야 한다. 그들이 평가를 하지 않는다면 어떤 것도 이루어낼 수 없다. 정기적이고 계획된 단순한 것도 해낼 수 없을 것이다.

때때로 우리는 최고의 선수가 팀에 있음에도 불구하고 승리로 이끌지 못하는 코치에 대한 이야기를 듣는다. 그들은 자신의 자원을 가지고 좋은 결과를 재생산할 능력이 없다. 그렇기 때문에 결국 해고되고 마는 것이다.

관리자들은 그들이 많은 사람들을 관리하든지, 아니면 자기 스스로를 관리하든지 사용 가능한 모든 자원들의 목록을 작성해야 한다. 예산, 인시, 컴퓨터 시간, 재고품, 필수품과 같은 목록이 있을 수 있다. 제대로 대처하면, 관리자들은 자원을 결과로 바꿀 줄 아는 사람들이다. 그리고 그들이 더 효과적으로 해낸다면 관리자로서 성공한 사람들이라고 할 수 있다. 자원에 대한 결과의 비율은 어떤 수준의 성취에도 적용된다.

투자 비율에 반품을 고려하게 해라. 이 책은 서류철 작업의 예와 같은 미시적 평가를 다룬다. 모든 미시적 평가가 적절하게 이루어지면 거시적 측면의 평가도 저절로 일어나게 된다.

어떤 사람은 "회사의 서류작업 이야기는 흥미로운 이야기네요. 하지만 내가 하는 일은 그런 식으로 평가되지 않아요."라고 말할 수도 있다. 그러나 비즈니스에서 인간적인 면까지 평가될 수 있다는 것을 알면 놀랄 것이다.

한번은 건축자재를 파는 회사에 간 일이 있다. 그들은 건축산업에 뛰어들어 여러 해 동안 힘든 시기를 보냈다.

그들은 큰 문제점을 발견했는데 바로 매출(결과)과 관련한 인건비(자원)에 대해 자신들이 할 수 있는 일을 찾기를 원했다. 그때 나는 자원에 대해 세부적으로 평가하는 방법을 찾아야 한다고 말했다. 세금산정처럼 과학적으로 정확할 필요는 없었다. 단지 시간에 따른 변화를 평가할 수 있으면 되는 것이었다.

먼저 그들이 생산한 것들을 보았다. 판매량, 돈, 하지만 거의 매일 변하는 달러의 가치 때문에 무슨 일이 일어날지는 아무도 몰랐다. 우리는 결국 송장의 수를 평가하는 것으로 결정했다. 그런 다음 송장을 생산하는 자원을 찾아보기로 했다.

그래서 우리는 지난 18개월의 기록을 되돌아보았다. 서른아홉 번의 지출이 있었는데 각 지출마다 송장 하나를 쓰는 데 걸린 한 사람당 시간을 산정했다. 인력과 송장 산출량은 가장 높은 3.7인시에서 가장 낮은 1.9인시까지였다. 2주간 큰 변동이었다.

우리가 비율을 분석해보니 1.9의 비율은 비즈니스도 절정에 달하는 여름의 가장 바쁜 몇 달간 평가되었다. 그보다 더 높은 비율은 비즈니스 침체기인 시즌이 끝날 무렵에 일어났다. 일찍이 회사는 겨울에 직원들의 노동량이 많다고 생각했었다. 하지만 평가하기 전까지는 얼마나 많은 양인지 확실히 모르고 있었다. 회사는 정확한 평가에 대한 신뢰감을 갖고 있었고, 심지어 불경기 때에도 2.25 이상 필요하지 않을 것이라고 단정했다.

지금 이 모든 이야기가 경험 있는 관리자에게는 별로 복잡하지 않은 문제로 들릴 수 있다. 그러나 회사는 한 지불 기간에 평균 1천600장의 송장(인보이스)을 처리했다. 회사는 최대한 2천 장의 송장도 처리할 수 있을 것이다. 그러면 누가 그 일을 할 것인가? 회사에 남은 사람들은 그들이 항상 해왔던 것을 정확하게 해내야 한다. 소모적이고 불필요한 노동력은 제거되어야 한다. 그리고 회사는 이러한 사실을 자원에 대한 결과의 미시적 비율이 높아질 때까지 모르고 있었다. 인력을 다루면서 관리자는 이것이 융통성 있는 일임을 깨닫고, 원하는 대로 관리했다. 하지만 평가되지 않으면 관리하기 어렵다.

쿤라트 식 피드백의 결과

2년간 나는 토마스 몬손의 말에서 자세히 설명하고 있는 두 가지 부수적 결과를 발견했다.

첫째, 피드백의 빈도가 많아지면 성과의 양과 질도 향상된다. 한 달에 한 번 평가를 할 때 인력자원을 관리하는 데 어려움을 겪고 있다면 주간 평가로 바꾸길 바란다. 그러면 분명히 향상될 것이다. 매일 평가하게 되면 또다시 향상될 것이고, 더 나아가 시간 단위로 평가를 하게 되면 더 큰 향상이 눈에 보이게 된다.

평가를 통한 관리는 시간이 너무 많이 걸린다고 생각할 수도 있다. 하지만 의미 있는 평가는 시간이 전혀 걸리지 않는 법이다. 서류철 작업 직원과 다른 여러 예를 보아도 결과에 비하면 평가할 때 걸린 시간의 양은 하찮은 것이다. 특히 향상된 결과와 비교한다면 그 시간은 아무것도 아니다.

　둘째, 피드백을 구체적으로 표현할수록 효과는 배가된다. 오늘날 비즈니스에서 우리는 방대한 양의 자료를 다룬다. 자료들은 무더기로 혹은 다량의 상자로 주어지는데, 그럴 때마다 우리는 프로그래머들이 인쇄한 종이의 무게에 따라 급료를 받을지 궁금해진다. 하지만 자료 그 자체만으로는 가치가 거의 없다. 결정을 내릴 때 사용될 수 있는 유용한 경영 지식으로 바뀌어야 한다. 이것을 가능하게 하는 것은 그래프와 차트다. 정보를 더욱 쉽게 이해하고 터득하도록 돕기 때문이다. 다시 말해서 '점수'라는 피드백은 도표화되기 때문에 더욱 분명해지고, 따라서 한 단계 향상된 성과를 보장하는 것이다.

　분명히 설명된 목표와 정확한 점수기록 체계가 없으면, 우리는 단지 그 활동에 전념하라고 강요당할 뿐이며 결국 노예처럼 사로잡히게 될 것이다. 모든 비즈니스의 목표는 점수를 얻는 것이다. 그리고 팀 내의 모든 사람은 개별 점수기록표가 있다. 분명히 설명된 목표와 정밀한 점수기록 체계가 없으면 직원들은 돈을 받으며 일한다기보다 힘든 일에 매달려 있다고 여기게 된다.

　그렇다면 적당한 시기의 피드백이 중요한가, 잦은 피드백이 중요한가. 2006년 U.S. 테니스 오픈의 중요한 시합에서 안드레 애거시(Andre Agassi)는 새로 개발된 샷 추적 기술을 사용했다. 심판들의 판결에 도전하는 장치였다. 테니스 샷이 유효한지 그렇지 않은지 사진으로 찍어서 컴퓨터로 보내는데, 실제와 사진 사이에 통신이 원활하지 않아서 90초의 공백이 잠시 있었다. 사람들은 뉴욕 테니스 센터에 있든, 공중파 방송으로 전 세계에서 시청을 하든 이 90초 동안 정신적 충격을 겪었을 것이다.

　무엇이 잘못되었을까? 관심은 어디에 있었는가? 바로 90초다. 그리고 전 세계는 테니스 경기가 계속되고 있는지 궁금해 했다. 그럼에도 비즈니스에서는 직원들에게 성과에 대한 피드백을 주는 일을 얼마나 지연시키고 있었던 것일까? 우리는 맞닥뜨리기 싫다는 이유로 피드백을 피하는 것일까? 우리가 무엇을 해야 하고, 직원들은 어떤 일을 옳게 하고 있고, 또 그들이 향상시켜야 하는 것은 무엇인지 설명하는 일은 꼭 필요하다. 하지만 우리는 앉아서 그것을 설명하는 것을 거부하고 있다. 때때로 우리는 미루고 또 미루다가 결국 그들에게 다가가서 말한다.

　"우리는 당신에게 주당 25달러를 더 주기로 결정했습니다.

그러니 그걸로 만족하세요.”

피드백이 중요하지 않다고 생각한다면, 당신의 배우자가 특별히 초대받은 저녁식사를 위해 고르고 고른 의상에 대해 물을 때 그냥 “그럭저럭 괜찮다.”고 말해라.

5

선택할 자유를 주어라
THE GAME OF WORK

나는 활강 스키를 즐겨 타는데 완벽한 스키 리프트를 두고 산을 걸어 올라가는 일은 미친 짓이라고 생각한다. 나에게는 국토횡단 스키어인 바짝 마른 친구가 하나 있다. 그는 이렇게 말하곤 한다.

"넌 두 다리로 걸을 수 있는데도 왜 누군가가 널 산 위로 데려가는 것에 돈을 지불하는 거니?"

나는 엔진이 멀쩡히 돌아가는 중에 비행기에서 뛰어내리는 것도 알 수 없는 일이라고 생각했다. 그러나 스카이다이버들은 그것이 매우 재미있고 스릴 넘치는 일이라고 생각할 것이다. 나는 스쿠버 다이빙 면허가 있는데, 등에 산소통을 메고 40분간 바다 밑에 있는 것은 정말 기분 좋은 일이다. 바다 표면에서 200피트 아래로 내려가면 심연의 아름다움을 볼 수 있다. 그러나 이런 모든 일은 스스로의 선택이다.

선택은 미국을 움직이는 추진력이다. 주변의 이웃들을 둘러보라. 그들은 각각 다양한 종류의 차를 몬다. 그리고 차에 대한 그들의 선택을 보라. 제너럴 모터스 자동차만 80여 가지의 모델이 있다.

우리는 전 세계 30개가 넘는 브랜드의 스키를 원하는 길이대로 가질 수 있다. 또한 60개 이상의 주요 골프채 제조사가 있다. 선택은 미국의 핵심이다. 그리고 이것이 독립선언의 핵심이다. 또한 미국 헌법의 요점이기도 하다. 우리는 투표권을 지키기 위해 세계 곳곳에서 피를 흘렸다. 그렇게 했기에 우리의 절반은 투표 때 고국에 머물 수 있다. 하지만 우리로부터 이 권리, 즉 우리의 선택을 빼앗아가려 한다면 우리는 다시 권리를 찾기 위해 죽음을 각오하고 싸울 것이다.

선택의 자유에도 불구하고, 수많은 설문조사들은 미국 직장인의 3분의 2가 그들의 직업을 통해 행복을 느끼지 못하고 있음을 알려주고 있다. 인간은 스스로가 무엇을 해야 하는지 항상 아는 것은 아니다. 그러나 스스로 선택한 일에 대해서도 행복해 하지 않는다.

나와 함께 아침 7시 30분에 주요 간선도로를 따라 시내로 가보자. 그리고 "당신이 일하러 가야만 한다면 라이트를 켜시오.

그리고 일하러 가고 싶다면 경적을 울리시오."라는 간판을 세워 보자. 어떤 놀랄 만한 일들이 일어날까? 정적만 있는 가운데 눈 부실 정도로 많은 불빛이 켜져 있는 것을 볼 수 있을 것이다.

현충일 전날 집으로 돌아가는 그 간선도로에 다시 가보자. 그러고는 이와 같은 팻말을 붙인다.

"뱃놀이를 가야만 한다면 라이트를 켜고, 뱃놀이를 가고 싶다면 경적을 울리시오."

그러면 아마 경적소리로 귀를 먹게 될지도 모른다.

우리의 인생은 전부 해야 하는 것과 하고 싶은 것으로 구성 되어 있다. 우리가 하고 싶은 일을 하면 즐겁다. 하지만 우리가 해야 하는 일은 그렇게 신나지 않다. 왜 그렇게 많은 미국인이 자신들의 직업을 즐기지 못하는 것일까? 그것은 그들이 일을 할 때, 스스로의 선택에 제한을 받기 때문이다. 그들은 '정확히 무엇을 해야 하는가.' 그리고 '그 일을 어떻게 해야 하는가.' 라 는 말을 종종 듣는다. 이런 것들은 그렇게 재미있지 않다. 그들 은 업무수행을 전혀 하지 않거나 재미있을 때만 일을 하기도 한다.

톰 피터스(Tom Peters)와 낸시 오스틴(Nancy Austin)은 『우 수함을 위한 열정』에서 고어 회사의 선택의 자유에 대해 설명했다.

신입사원들이 회사에 입사하면 그들에게는 어떤 임무도 주어지지 않는다. 그들은 몇 주간 여기저기 돌아다니며 자기가 할 수 있는 업무를 찾도록 허용될 뿐이다.

"우리는 주변에서 자발적으로 할 일을 찾습니다."라고 고어가 말했다. 한번은 출장에서 고어 계열사 중 한 회사의 사람과 만날 기회가 있었다. 나는 그녀에게 그런 방식이 정말로 통하는지 물었다. 그러자 그녀는 "그것이 우리가 회사를 경영하는 방식이지요."라고 말했다.

게임에서 사람들은 자기가 남보다 잘하는 것을 선택해서 할 수 있다. 따라서 결과적으로 그들이 이길 수밖에 없다. 누군가 골프를 치길 원한다면, 그는 분명 골프를 칠 줄 아는 사람일 것이다. 또한 테니스를 치러 가길 원한다면 테니스를 잘 칠 줄 알 것이다.

나는 활강스키를 탄다. 물론 선택에 의한 것이다. 하지만 국토횡단 스키를 즐기는 사람은 내가 전혀 운동하고 있지 않은 것처럼 생각할 것이다. 그리고 스노보드를 타는 사람들은 산의 경사면을 나와는 완전히 다른 방식으로 바라볼 것이다.

세계에서 가장 실력 좋은 스키선수들을 골프선수로 만들 수는 없다. 세상 누구도 그들에게 골프를 치라고 강요할 수 없는 것이다. 같은 원리가 비즈니스에서도 똑같이 적용된다. 직원들에게 더 많은 선택의 기회를 주면(비즈니스의 변동 속에서도) 그들은 더 나은 업무 수행능력을 보일 것이다. 또한 자신들의 일을 더욱 즐기게 될 것이다.

선수들에게 자유를 주면, 몇몇은 통과하기에 충분한 만큼만 일할지도 모른다. 물론 그것이 주어진 자유 속에서 그들이 할 수 있는 전부일 것이다. 그러나 많은 선수들이 요구한 이상으로 성취해낼 것이다. 왜일까? 대부분의 사람들은 자신이 선택한 일에 전념하기 때문이다. 사람은 자기만의 직업을 필요로 한다. 그들이 하는 일, 목표 그리고 그 목표를 달성하는 방법에 대한 선택권이 있을 경우 그 직업을 갖게 된다.

승자는 규칙을 바꿀 방법을 찾지 않는다. 그들은 이기기 충분한 만큼 규칙을 이해하고 자기 것으로 만들려고 노력할 뿐이다. 그것은 선택으로 가능한 일이다. 우리는 어떤 선택이 가능한지, 또 어떤 것이 우리가 걱정하지 않아도 될 선택인지를 알아야 한다.

그리고 회사에서 직원들이 할 수 있는 일을 스스로 선택할 것이라고 믿어준다면 그들은 분명 성공할 것이다. 직원들이 중요하든 중요하지 않든 그들을 믿어주는 리더가 있다. 우리는 자기가 중요하다고 여기는 사람들에게는 이유를 설명한다. 하지만 별로 중요하지 않은 사람들에게는 단지 방법을 말해준다. 즉 사람들이 우리에게 말하는 방식을 보면 그들이 우리를 어떻게 생각하고 있는지 알 수도 있다. 중요한 사람으로 여겨지면 선택권도 주어진다. 그렇지 않은 사람들에게는 선택이 제한된다. 이때 중요한 것은 우리가 직원들과 이야기할 때, 그들에게 허락한 선택에 기초하여 대화를 한다는 점이다.

직원들은 상사가 자신들에게 어떤 일을 하라고 할 때, 그 일을 요구한 이유를 이해할 필요가 있다. 그리고 상사가 기대하고 있는 결과에 대해서도 협상해야 한다. 또한 직원들에게 회사가 나아갈 방향에 대해 결정하는 것을 돕도록 해야 한다. 그들이 집에 돌아가 이웃들과 이야기할 때, 그 이웃은 회사 동료일 수도 있다. 그 상황에서 그들이 누구인지는 스스로 선택할 필요가 있다. 마지막으로, 이 모든 것이 설정된 이후에 직원들은 어떤 방법이든 목표를 성취하기에 편리한 방법으로 하도록 해야 한다.

전임자가 일하던 방식 그대로 다른 사람에게 하라고 요구한다면, 어떤 발전도 없을 것이다. 하지만 일상적인 틀에서 벗어난 생각을 할 의지가 있는 사람에게는 발전이 있다. 그들은 목표를 정확히 볼 줄 알며 그 일을 처리하는 데 빠르고, 더 나은 다른 방법을 생각해낸다.

신속한 결단력이 승리를 선점한다

사람들은 신속하고 탁월한 결정을 내릴 줄 아는 리더를 좋아한다. 우리는 의사 결정자들을 칭찬한다. 그리고 그런 사람들을 회사에 채용하고 싶어 한다. 그러나 일을 처음 시작하는 사람들에게 선택하는 과제를 주지 않는다면, 또 다른 미래의 의사 결정자를 만들어내지 못할 것이다. 회사의 장기적인 성공에 피해가 가지 않는다면 그들이 처음으로 회사의 문에 들어서는 순간부터 선택권이 주어져야 한다.

예를 들면 어디에 앉을지, 사무실을 어떻게 꾸밀 것인지, 또는 그들이 선택할 수 있는 것으로 무언가가 허락되어야 한다.

당신은 선택을 장려하고 있는가? 혁신을 요구하고 있는가? 회사의 어떤 것은 변할 수 없고, 어떤 것은 직원들이 자유롭게 선택할 수 있는지 분명히 하고 있는가?

행동

행동을 바꾸지 않고는 결과도 바꿀 수 없다. 이것은 많은 사람들에게 깜짝 놀랄 만한 교훈이 되겠지만, 사실이다. A방식으로 일을 하고 B의 결과를 얻을 수는 없는 것이다.

"핫 퍼지를 포기하지 않고 살을 빼고 싶다."

"경제적으로 독립하고 싶지만 신용 카드는 포기할 수 없다."

"마라톤 선수는 되고 싶지만 빗속에서 뛰는 것은 싫다."

"활강스키 시합에 나가고 싶지만 수업은 듣고 싶지 않다."

이렇게 말하는 것은 모순이라는 것이다.

행동이 결과보다 먼저라는 사실은 피할 수 없다. 운동선수의 행동이 팀의 결과를 결정하는 것처럼 직원들의 행동이 회사의 성패를 좌우한다. 회사들은 자신들이 원하는 결과를 얻지 못하면 외부의 영향을 비판하지만, 모든 결과는 자신들로부터 오는 것이다. 이것이 바로 운동선수들이 행동하는 방식이다. 그들의 행동은 팀이 일관되게 이기거나 지는 것을 결정한다.

한 단계 더 나아가, 마음가짐이 행동을 결정하는 일차적 원인이다.

마음가짐

내가 생각하는 방식이 내 행동을 좌우한다. 그 행동이 순간적인 분노든, 계획 속에 예상된 것이든 말이다. 생각이 행동에 앞선다는 것은 부득이한 문제다. 또한 근본적인 태도에 끊임없이 반대로 행동하라는 것은 불가능하다. 때때로 강요되거나 끌려서 우리가 중요시하는 것에 반대되는 행동을 할 수도 있다.

대부분의 코치들은 선수들에게 코치 자신이 원하는 결과를 얻기 위해서는 어떻게 행동해야 하는지 구체화할지도 모른다.

하지만 그 행동을 하고 싶도록 하는 마음가짐을 만드는 방법은 모른다.

마음가짐을 형성하는 강력한 힘에는 두 가지가 있다. 하나는 감정과 관련된 중요한 사건이다. 운동경기에 참가하는 동안 사랑하는 사람이 죽었다면 그 운동에 대한 우리의 마음가짐이 형성된다. 자신의 첫번째 상사가 엄격한 질책을 했다면, 직원들은 이후 몇 년간의 경영 정책에 조심하게 될 것이다. 감정적 사건에 대한 마음가짐을 바꾸려면 공인된 태도 교정전문가들이 필요하다. 따라서 코치의 환경과 딱 들어맞기는 쉽지 않다. 그들은 통제하기 어려워진다. 태도를 형성하는 두번째 힘은 조건화다. 조건화는 개를 전기 목줄로 훈련시키거나 종소리가 울렸을 때 침을 흘린 파블로프의 개를 만드는 힘을 일컫는다.

조건화

우리에게는 전기 목줄이 필요하지 않다. 하지만 과거에 조건화된 것이 우리가 행동하는 방식에 영향을 미친다는 것은 인정해야 한다. 우리는 이런 말을 들으며 자라왔다.

"아이들은 그 자리에 있어도 되지만 얌전히 있어야 한다." "힘든 일은 계획하지 마라." "누군가가 말을 걸 때까지 말하지 마라." "환영받지 않는 곳엔 가지 마라." "낯선 사람과 이야기하지 마라."

만약 세일즈 업에 종사하고 있다면, 그 업무는 아이들이 유치원에 가는 길에 유괴범에게 납치되지 않도록 안전하게 지키려고 하는 부모들의 충고와는 완전히 반대가 될 것이다.

믿지 못하겠다면, 나가서 가장 가까운 엘리베이터를 타고 그것이 1.8×2.4미터 넓이의 일반적인 미국의 엘리베이터임을 인지하라. 그 안에서 열네 명의 낯선 사람들은 서로의 몸에 닿지 않고 한마디 말조차 하지 않는다. 사람들은 몸을 구부리고 서로에게서 돌아선 채, 문 위에 표시되는 층수만을 바라본다.

다음에 엘리베이터를 탈 경우에는 앞으로 돌아서지 마라. 다른 사람들과 마주보고 서라. 바닥으로 시선을 떨어뜨리는 그들의 눈을 보고 당당하게 "좋은 아침입니다. 안녕하세요."라고 말해라. 조건화가 마음가짐을 결정하는 것이다.

조건화를 그렇게 강력한 힘으로 만드는 것은 무엇일까? 반복, 반복, 또 반복하는 것이다. 낯선 사람을 피하라는 말을 한 번 듣고는 그렇게 되지 않는다. 우리가 집을 나서는 매순간마다 부모로부터 낯선 사람들에 대해 신중해야 한다는 말을 들었다.

우리의 모든 부모들은 아이들과 함께 학교에 가면서, 아이들에게 같은 것을 말하곤 한다. 집을 떠나서 학교로 가지 않고 다른 곳으로 가거나 엉뚱한 짓을 할 만큼 경솔한 아이는 거의 없다. 그런데도 불구하고 많은 사람들이 출처가 불분명한 정보를 깊이 생각하지도 않고 많은 투자나 경영을 함으로 그와 같은 말에 의해 좌우되고 있다.

오늘날 얼마나 많은 사람들이 뛰기 전에 살펴보는지, 어려울 때를 생각해서 돈을 아끼는지 아는가? 그리고 우리가 말을 주고받지 않는 사람에 대해 좋게 말할 수 없다는 사실을 알고 있는 사람은 몇이나 될까? 특히 이 마지막 말은 경영 규칙을 제한하는 데 큰 영향을 주고 있다.

반복

성공은 행동의 결과라는 것을 이해해야만 한다. 또한 행동은 마음가짐으로 결정되고, 마음가짐은 반복을 통한 조건화에 의해 형성된다.

반복학습은 조건화된 것을 수정하는 유일한 도구다. 우리의 행동을 통제하고 있는 마음가짐을 바꿔서 원하는 결과를 얻게 한다. 한 번의 여행, 한 번의 강의, 한 번의 세미나, 한 번 듣는 테이프로 변화시킬 수는 없다. 광고주들은 소비자가 광고에 나오는 상품을 마음에 두게 되기까지 여덟 번의 반복이 필요하다고 말한다.

승자는 조건화의 중요성을 이해하는 사람이다. 그것이 마음가짐, 행동 그리고 나아가서는 성공과 바라는 결과를 성취하는 것까지 연결되어 있기 때문이다. 승자들은 자기 자신을 계속해서 조건화한다. 서술된 목표를 되돌아보고, 좋은 책을 읽는다. 그리고 목표지향적인 사람들과 어울리고, 부정적인 예감이 자신을 엄습해올 때마다 긍정적인 생각을 반복한다.

우리는 인디애나폴리스 콜츠(Indianapolis Colts) 팀이 한 번 경기를 하고 있는 동안 많은 플레이를 할 수 없다는 것을 단언할 수 있다. 실제 게임에서는 단지 몇 번 실용적인 공격 플레이를 해봤을 뿐이다. 하지만 선수들은 플레이 번호에 따라 미리 정해진 방식으로 반응하도록 수백 번 반복되고 결국 조건화되었기에 실제 경기에서 쓸 수 있는 것이다.

비즈니스에서도 승자가 되기 위해서는 조건화 과정과 반복의 필요성에 대해 이해해야 한다. 그들은 성공과 원하는 결과의 성취를 위해서 조건화라는 강력한 힘을 사용한다.

반복은 조건화에 바로 영향을 미친다. 이 조건화는 우리의 마음가짐에, 그리고 마음가짐은 행동에 영향을 미친다. 이 모두가 우리의 선택이다. 따라서 우리는 성공을 위해 결정을 하는 자기 자신과 직원들에게 바로 영향을 미칠 수 있다.

한번은 조립식 주택건설회사와 상담을 한 일이 있다. 목수는 그 공장 안에서 일을 한다. 우리는 목수가 직각자로 만들어내는 전체 길이를 추적해보았다. 5일 내로 집 한 채를 지을 때 필요한 일이 모두 4만 4천 평방피트 분이었다. 사슴 사냥을 가기 위해 주택건설회사의 관리자들이 부사장에게 가서 "토요일에 일찍 퇴근하고 싶습니다."라고 말했다. 그러자 부사장은 "토요일 정오까지 4만 4천 평방피트의 일을 끝내면 퇴근할 수 있습니다." 라고 말했다. 나는 시간은 제한하지 말고 직원들이 4만 4천 평방피트의 일을 끝내면 집에 돌아갈 수 있는 선택을 허락하는 것이 어떠냐고 제안했다. 부사장은 내 제안을 받아들였고, 직원들은 일찍 퇴근할 수 있었다.

수요일에는 두 시에 돌아갔다. 배관공, 전기공, 지붕 수리공은 서로를 도왔다. 그래서 일이 빠른 시간 내에 끝났다. 왜 그런 것일까? 그것은 그들이 선택을 했기 때문이다. 전에는 금요일에 5시까지 일을 해야 했다. 그들은 꼭 그렇게 해야만 했었다. 하지만 그들이 하고 싶은 대로 할 수 있는 기회가 생기자, 기꺼이 서로 도와가며 일을 빨리 끝낸 것이다.

직원들에게 동기를 부여하고, 그들이 스스로를 팀의 구성원으로 느끼길 바란다면, 혹은 그들이 능동적으로 일하기를 바란다면 그들이 성공할 방법을 선택하도록 자유를 주어라. 그러면 그들은 당신과 회사를 위해 그리고 당신의 기대 이상으로 해낼 것이다.

6

비즈니스 경기장에서 승리하려면
불확실함을 버려라

THE GAME OF WORK

1980년 보스턴 마라톤의 로지 루이즈(Rosie Ruiz)를 모르는 사람은 아마 없을 것이다. 그녀는 여성 참가자들 중 처음으로 결승점에 도착했다. 로지의 기록은 그녀가 과거에 세운 기록과 비교했을 때 놀라울 정도로 뛰어났다. 그 이유는 무엇이었을까?

그녀의 마라톤은 경기장 밖에서, 경기규칙을 벗어난 가운데 이루어졌다. 기록은 향상되었지만 로지는 실제 경주에 참여하지 않고 결승선에만 도달한 것이다. 즉 그녀는 경주를 마치긴 했지만, 실제 마라톤 경주를 제한하기 위해 설정된 영역 내에 있지 않았다. 그렇기 때문에 그 기록은 마라톤 기록부에 적히지 않았다.

보스턴 마라톤에는 호텔에서 걸어 나와 결승에 도달한 사람을 위한 상이 없다. 이 마라톤은 경기장이 분명히 정의되어 있다. 로지는 경기장 밖에서 달렸기 때문에 이 같은 곤경에 처한 것이다.

어느 회사에서든 의사소통을 향상시키라는 외침을 자주 들을 수 있다. 의사소통을 향상시키는 것이 우리가 매일하는 수백만 일상회화의 주된 주제가 되는 내용이다. 비즈니스에서는 운동경기에서만큼 의사소통이라는 개념이 심각하지 않다. 미식축구에서 60명 정도의 선수들 중 얼마나 의사소통을 할까? 거의 없을 것이다. 있다 해도 지극히 소수다.

사람들은 끊임없이 의사소통 문제를 해결하려고 노력한다. 우리는 업무분석을 지켜본 적이 있다. 또한 감수성 훈련, 공감대 형성, 역할연기와 같은 것을 겪어본 일도 있다. 직무내용 설명서를 쓰는 직업이 있다. 사실 나는 그들의 노력에 대해 심각한 편견이 있었다. 주로 그들의 전문성이나 필요성 부족 때문이었다. 하지만 실제로 대법원에서는 직무내용 설명서를 해석해야 하는 일이 많다. 내 고객 중 한 사람으로 수백만 달러의 온라인 판매 수익을 내는 회사의 사장이 있다. 그는 무려 열네 장의 직무내용 설명서를 갖고 있는데 그 설명서에 있는 유일한 숫자는 페이지 표시뿐이었다. 설명서를 보면서 그 직업의 성공과 실패, 승리와 패배, 장점과 단점을 이해하는 것은 정말 어려웠고, 이해하려고 할수록 혼란의 늪에 빠지기 쉬웠다.

우리가 목표를 세우기 전에 먼저 해야 할 일은 경기장에 대한 기준을 확립하는 일이다. 제임스 네이스미스(James Naismith) 박사가 처음으로 헛간 벽에 복숭아 바구니를 걸어두고 시작한 것이 농구의 시초였다. 그는 경기장의 규모를 정의하고 규칙을 정해야 했다. 또한 선수들이 언제 득점을 하고 언제 득점하지 못하는지를 확실히 해야 했다. 그리고 드리블이 가능한 구역과 경계선 밖으로 나가게 되는 구역도 중요했다. 애브너 더블데이(Abner Doubleday)는 다람쥐에게 돌을 던지고 몽둥이로 밤송이를 치던 옛날 놀이에서 야구를 고안해냈다. 그가 처음 한 것도 경기장을 설계하고 규모를 정한 것이다.

우리가 몇 에이커의 맨땅을 받아서 스포츠센터를 지으라는 임무를 받았다고 생각해보자. 우리는 다양한 경기장을 모델로 해서 디자인을 결정하고, 적절히 배열하여 그 땅을 최대로 활용해야 한다. 여기에 농구의 기준이나 하키의 목표를 고집할 필요는 없다. 그리고 이유도 알지 못한 채 야구처럼 포수를 움직이지 못하게 하는 것도 의미가 없다.

경기장이 분명하고 완벽하게 되지 않고는 게임을 시작할 수 없다. 목표를 세우고 경기를 시작하기 전에, 적절한 곳에 경기장의 경계선을 먼저 정해야 한다. 아이들이 하는 터치풋볼이나 아마추어 공터야구와 같은 일상 게임에서도 그들이 경기를 할 경계선을 먼저 정할 것이다.

운동경기에서 경기장은 그 운동을 위해 허락된 것으로 생각할 수 있다. 우리가 "테니스 치러 가자."라고 말하면 우리는 분명히 테니스 코트에 가는 것을 가정하고 있다. 또 "골프채를 잡아라."라는 말을 들으면 우리가 할 수 있는 질문은 "어떤 코스에서 골프를 치려고요?"일 것이다.

내 소견으로 운동경기는 경기장이 이미 존재하는 것에 문제가 있다고 본다. 항상 그 안에서 모든 활동이 이루어진다. 그래서 우리는 경기장을 새로 만들 필요가 전혀 없었다. 그리고 어떻게 해야 하는지 배울 필요도 없었다.

농구장은 어떤 모양인가? 직사각형이다. 테니스 코트나 미식축구장도 직사각형이다. 경주로는 타원형이다. 야구장은 다이아몬드 형이라고 하지만 사실은 그렇지 않다. 단지 정사각형이고 전체 경기장을 보면 원을 4분의 1로 나눈 모양이다. 우리가 경기장의 규격을 받아들이지 않으면 어떤 게임도 할 수 없다. 이름 모를 한 대학 러닝백 선수가 뉴욕시립 체육관에 걸어 들어와서 하이즈먼 상(Heisman Trophy)을 차지하기 위해 왔다고 떠든다면 우리는 어떤 반응을 보일까?

"하지만 난 올해 3천 야드 이상을 달렸어요."

그 선수가 출구로 끌려 나가면서 주장한다.

"우리에게는 어떤 기록도 없습니다."

"코치에게 물어보세요. 그가 봤으니까요. 연습시간에 3천 야드를 달렸어요."

"연습시간은 포함되지 않습니다."

우리가 경기를 하러 갈 때의 요점은 경계선 밖에 채점자가 어디 있는지 알아야 하는 것이다. 경쟁이 이루어지는 필드의 전체 개관도 알고 있어야 한다. 지정된 범위를 벗어난 곳에서 이루어진 성과를 자신의 명예로 생각하면 안 된다.

내가 왜 이런 논란의 여지도 없이 분명한 원리를 논의하려고 애쓰는지 이유가 궁금할 것이다. 우리는 경기장에 대해 아무것도 모른 채로 진행되고 있는 매일의 사건 속에서 수백 가지 비즈니스의 예를 찾을 수 있기 때문이다. 우리가 이 분명한 원리를 간과하는 것이 더 놀라울 정도다.

비즈니스라는 치열한 승부의 경기장

소매상 간부모임에서 방금 돌아온 직원을 생각해보자. 그는 고객들의 과도한 반송을 허용했다는 이유로 관리자에게 호되게 야단맞았다.

"우리는 약 1년 전에 판매한 35달러짜리 DVD 플레이어를 어제 되돌려 받았습니다. 직원들이 회사 정책을 무시한다면 어떻게 되겠습니까?"

두 시간 후 직원은 한 손님을 시중들게 되었다. 그는 관리자의 친한 친구인데 직원들은 모르고 있었다. 그 손님은 이 가게에서 사가지 않은 물건을 환불하길 원했다. 직원은 오늘 아침 회의에서 들은 것을 잘 알고 있었다. 하지만 관리자와 직원은 경기장에 대한 다른 인식을 갖고 있다. 분명히 정의된 적이 없기 때문이다.

직원은 왜 회사가 반품을 받아줄 수 없는지 공손하게 설명했다. 그때 관리자가 걸어와서 말했다.

"안녕하세요, 피시버그 부인? 잘 지내시죠? 매장을 방문해주셔서 감사합니다. 물론 우리는 반품을 받아들일 것입니다."

직원은 갑자기 혼란스러워졌다. 경기장은 더 이상 공정하지 못한 곳이 되었다. 그 직원은 남은 하루를 구석에 숨어서 보낼지도 모른다. 우리가 게임 중간에 규칙을 바꾸는 것은 선수로서의 자존심을 깨는 행위다.

우리의 일터에서 누군가가 공의 바운드 한도를 넘거나 모래박스 밖에서 경기를 하거나 또는 다른 사람의 일을 망쳐버리는 것과 같은 행동을 했다고 생각해보자. 그들이 이와 같은 행동을 하는 것은 경기장에 대한 분명한 이해가 없기 때문이다. 이것을 잘 설명해주는 많은 일화들이 있다.

정해진 경기장이 있는 비즈니스 분야에서 일하는 사람을 생각해볼 수 있는가? 이 사람은 분명한 정책과 절차가 있는 절대적으로 확실한 환경에서 일한다. 직업 규율, 안정성, 보장제도, 일정기간의 휴가와 같은 내용이 분명해서 매일 어떤 일을 해야 하는지 정확하게 알고 있다. 이런 부류의 사람들이라면, 우리는 공장의 조립라인에서 일하는 직원이나 우체국의 우편 분류기계를 돌리는 사람을 생각할 수 있다. 그러면서 도전과제가 없기 때문에 그들이 행복하지 않은 직업을 갖고 있다고 여길 수도 있다. 그들은 우리가 갖고 있는 다양성, 재미, 모험이 없지만 높은 수준의 안정성과 확실함이 있다.

이런 경우 사람들은 사각형과 유사한 경기장 내에 있다. 사각형은 대칭이고, 모든 면의 길이가 같다. 여기서 무엇이 경계인지를 묻는 사람은 아무도 없다. 비즈니스에서 경계선이 분명히 정해져 있으면 자유가 극대화된다. 가장자리가 어디인지 알고 있는 상황에서 더 큰 자신감을 가질 수 있다.

한번은 속도계가 고장 난 차를 몰아 집에서 북쪽으로 30마일이 떨어진 도시로 운전한 적이 있다. 약속에 늦었었고, 그때 나는 이미 지난 90일 내에 두 번의 속도위반 딱지를 뗀 상태였다. 한 번만 더 위반을 하면 면허가 취소되는 것이다. 불확실함은 믿기 어려울 만큼 무섭다.

그때 나는 시계를 봤고 늦었다는 것을 알게 되었다. 그래서 속도를 높였다. 가는 길에 내가 다른 차들을 추월해가고 있는 것을 보고, 너무 빨리 달리고 있음을 깨달았다. 속도를 줄여야 할 때였다. 언덕을 넘어갈 때마다 나는 고속도로 순찰차가 속도 측정기를 갖고 나를 기다리고 있을 것 같아 조마조마함에 떨곤 했다. 불확실함은 점차 내 행동을 제한하고 등을 움츠리게 했다. 나는 경계선이 어디인지 확실히 알지 못했기 때문에 경계 밖으로 나가는 것을 피하려고 행동을 제한해야만 했다. 속도위반 스티커가 이미 두 개인 상태에서 또다시 위반을 하는 모험을 할 수는 없었다. 내 속도계가 고장나지 않았다면, 시속 60마일 즈음에서 걱정 없이 편안하게 운전할 수 있었을 것이다. 내가 경기장 안에 있다는 것을 알기 때문이다.

때때로 우리는 도넛 모양의 경기장에서 스스로를 발견할 수도 있다. 책임영역이라는 큰 원과 권력영역이라는 작은 원이 있다. 어떤 계열의 경영이든 경영진이나 간부직의 많은 사람들은 그들이 기대하는 범위가 넓은 데 반해 그 기대를 성취할 권력이 거의 없을 경우 좌절하게 된다. 그들은 회사가 말한 것에 대한 헛소리만 반복할 뿐이다. "찰스가 나에게 ~라고 알려줬어," "찰스가 ~라고 말했어," "찰스는 우리가 ~하기를 바라고 있어."와 같은 식이다. 그리고 그들은 그들이 보이는 권력에 대해 확신이 없다. 또한 그들의 권력에 대해 어떤 만족도 없다. 불행히도 도넛 형태의 경기장은 거의 성취가 없는, 즉 사람들이 어떤 것도 하지 않은 것을 나타내는 핵심이 되었다.

가정용 컴퓨터가 보급되던 초창기에는 필드를 향한 광적인 돌진을 볼 수 있었다. 수십 개의 회사들이 시장 점유율을 차지하기 위해 격렬하게 경쟁했다. 환불과 가격인하는 소매상들이 혼란스러워하는 틈을 타 제조업체가 그들에게 제품을 강매하기 위해 사용하는 일반적이 요금정책이다. 그로 인해 가격인하의 압박과 함께 가정용 컴퓨터의 과잉공급이라는 결과를 가져왔다.

이렇게 공격적인 컴퓨터 제조업체들 대부분은 어쩌다 보니

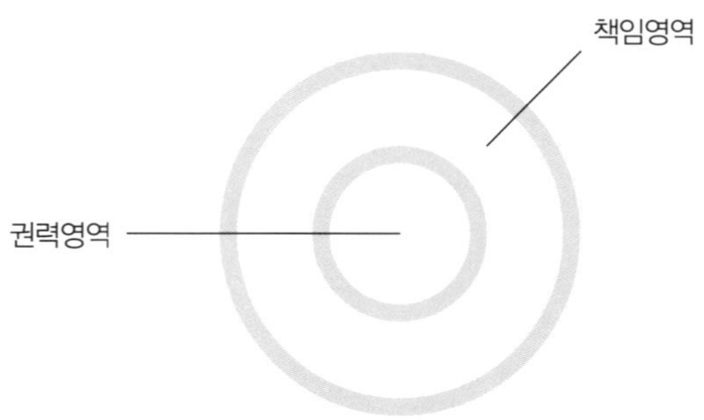

결국 이윤이 남지 않았고, 살아남기 위해 발버둥쳐야 하는 상황에 있었다. 이와 같은 게임을 시작하기 전에는 아무도 경계선을 정하라고 하지 않았다. 시장의 크기, 인구통계, 물건을 살 때의 행동법칙, 그리고 소비자 분석표와 같은 것들도 분명히 정의되지 않았다. 분명한 경기장이 없이 혼란만이 그 결과로 남았다.

비즈니스에서 또 다른 경기장의 형태는 아메바다. 마구잡이식의 공 모양이다. 이것은 회사가 직원들에게 기대하는 것이 무엇인지에 대한 직원 스스로의 이해를 설명해준다. 문제점은 꿈틀거리고, 흔들리며 모양이 자주 바뀐다는 데 있다. 직원들이 그들의 책임임에도 불구하고 미처 생각하지 못한 무언가가 잘못되고 있을 때, 어떤 사람들은 이것을 아메바 위에 있는 그의 책임이라고 지적한다.

이상적인 경기장은 사각형이다. 사각형 경기장에 있을 수 있는 유일한 문제는 그것이 한계가 있다는 점이다. 우리가 사각형

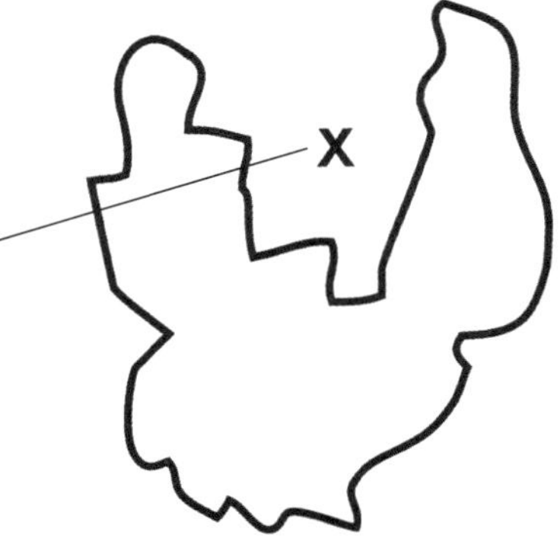

선수가 안전하다고 생각하는 지점.
아메바는 모양을 바꾸는 능력이 있다.
그래서 무언가 잘못되고 있을 때
그 선수를 정당화할 수 있는
근거가 된다.

의 한 면을 떼어내고 뛰쳐나올 수 있는 출구를 제공한다면, 우리는 비즈니스에서도 다음 그림과 같은 이상적인 경기장이 만들어질 것을 믿을 수 있다.

경기장 왼쪽에는 최종적 퇴출의 경계선이 있다. 선수들이 여기를 위반하면 즉각 해고당하게 될 것이다. 예를 들면 회사 자금의 횡령과 같은 것을 들 수 있다. 오른쪽에는 근무상 퇴출의 경계선이 있다. 선수들은 근무 중에, 특히 판매실적 발표와 같은 때에 티셔츠와 청바지를 입는 것이 허용되지 않는다. 그들은 해고되지는 않겠지만 집에 가서 옷을 갈아입으라는 조치가 내려질 것이다. 경기장 밑면에는 수행상 퇴출의 경계선이 있다. 이 영역은 직원들이 수행하지 않는 영역이다. 선수들은 팀에서 추방되지는 않지만 다른 책임을 맡도록 조치될 것이다.

'HOW'는 감독이 가장 첫번째 하는 말로 "내가 어떻게 도와줄까요?"에서 나온 말이다. 감독이 선수가 어떤 행동을 선택할지를 도와줄 때, 자신의 온 관심을 쏟을 준비가 되어 있는 경우 선수가 성취기준 이상의 성공을 하도록 만든다. 이 영역에서 선수들은 감독의 지도를 받아들이는 하찮은 존재로 여겨진다. 그리고 감독은 선수들이 최소한의 기준을 충족하도록 도와주는 존재로 여겨진다.

 비즈니스 경기장에서 승리하려면 불확실함을 버려라

Paydirt

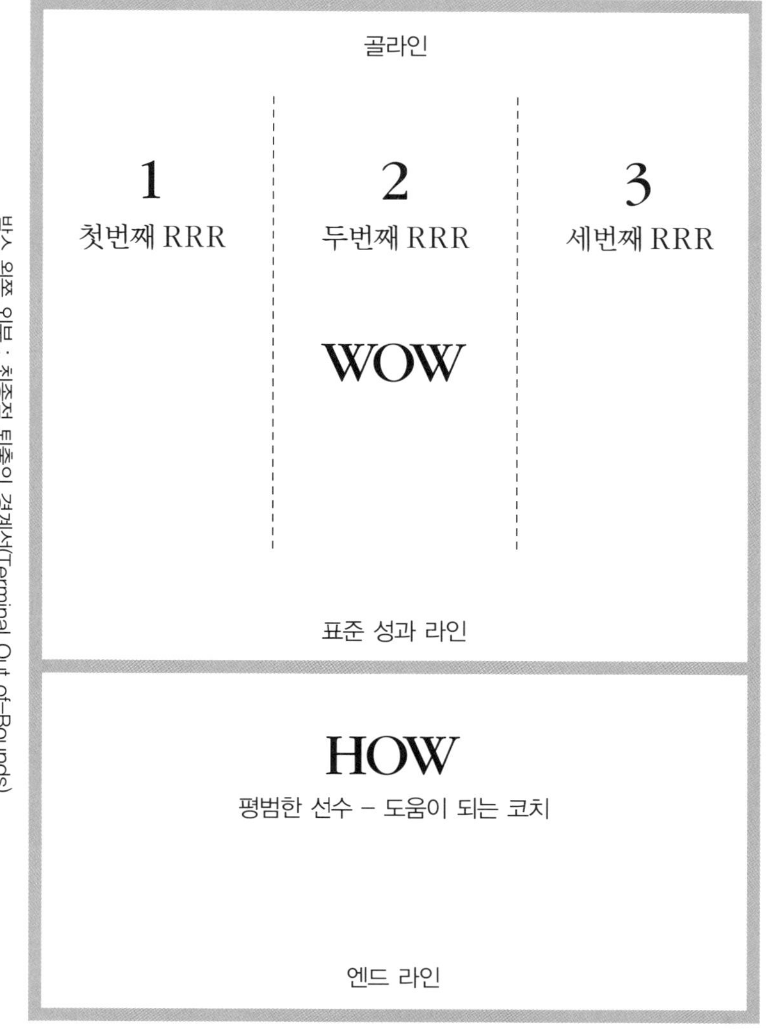

박스 바닥 외부 : 성과 범위의 바깥(Performance Out of-Bounds)

'WOW'는 말 그대로다. 감독은 치어리더와 같다. 긍정적인 힘을 실어주면 성취기준 이상의 결과를 낳는다. 이런 선수들에게는 자유가 주어진다. 그들이 여기서 게임을 할 때 많은 자유가 주어지지만, 그들은 자신들이 정한 목표를 성취하기 위해 규율 안에 있기를 희망한다. 그들이 감독을 욕구충족의 자원으로 이용하더라도 선수들을 가까이서 감시하거나 과도하게 관리하는 것은 쉽지 않다.

표시된 1, 2, 3은 선수들에게 책임이 있는 '자원에 대한 결과 비율' 세 가지를 의미한다. 직원들은 하나를 가질 수 있고, 그 이상을 갖는 것도 가능하다. 그것은 관리자와 직원들에게 달려 있다.

골라인을 넘어서면 성공이다. 그러면 선수들은 특별한 보상이나 특권을 얻는다. 이것은 매우 뛰어난 성과를 거둔 사람들을 위해 비축되는 것이다.

우리는 모든 직원들과 그리고 팀에 합류한 모든 신입사원들과 앉아서 그들의 경기장 안에 있는 요소들을 함께 정의해야 한다. 특히 경기장은 모든 직원들에게 다른 의미로 다가오기 때문이다.

처음으로 정의해야 하는 요소는 '최종적 퇴출의 경계선과 근무상 퇴출의 경계선에는 어떤 것들이 포함되는가'이다.

한번은 패스트푸드 회사와 함께 일을 했는데, 그 회사는 일곱 개의 경기장 출구가 있었다. 두려움과 기대에 대한 논의를 하고 있던 중, 나는 관리자들에게 돌아서서 물었다.

"데이브, 당신은 회사에 두려움을 갖고 있나요?"

"아, 많이 있지요."

"무엇이 그렇게 두려운가요?"

"해고되는 것이 두렵습니다."

회사 소유주와 관리간부, 경영진들이 그 방 안에 있었기 때문에 두려움은 다소 가라앉아 있었다. 나는 즉시 데이브에게 물었다.

"해고되는 것이 두렵다면, 어떤 행동을 했을 때 해고될지 아는 대로 말해줄 수 있나요?"

그는 잠시 생각하더니 "모르겠습니다."라고 했다.

나는 다른 관리자 모두에게서 같은 대답을 들었다. 모든 관리자들이 같은 두려움을 갖고 있었다. 나는 모자를 벗어 회사 소유주이자 사장인 사람에게 경의를 표했다. 그들은 조용히 앉아서 다소 씁쓸하게 담배를 태우고 있었다.

내가 그를 다음에 개별회의에서 다시 만났을 때, 그는 관리자들이 직업을 잃을 두려움에 떨고 있는 것에 놀랐다는 말을 전해왔다. 나는 그에게 그 상황이 지극히 일반적인 것이라고 확신시켰다. 그리고 해고에 필요한 요소들을 가르쳐주면 그 두려움을 고칠 수 있을 것이라고 귀띔해주었다.

다음번 회의에서 관리자들과 만났을 때, 그들에게 열여덟 가지 지침을 적은 종이를 돌렸다. 관리자들은 매우 흥미롭게 그 목록을 다 읽어 내려갔고, 방 안은 조용했다. 그때 회의에 참가한 사람들은 한 명씩 안도의 한숨을 쉬기 시작했다. 관리자 중 한 명인 데이브는 한마디로 말했다.

"우리는 이런 일들을 전혀 하지 않는데요."

그의 말에 사장은 이렇게 말했다.

"데이브, 그렇다면 자네는 해고에 대해 걱정하지 않아도 될 거야."

나는 '경계선 진술문'을 통해 회사에서 무엇이 최종적 퇴출의 경계선과 근무상 퇴출의 경계선을 넘게 만드는지 알려줄 것이다. 이 진술문에서 우리는 무엇이 선수들을 해고당하게 하는지 설명할 것이며, 거기 쓰인 진술에 대해서는 어떠한 변명도 통하지 않음을 알려줄 것이다.

직원들이 이와 같은 조치를 이해할 수 없다면, 그들은 언제든 다른 직업을 찾아야 한다. 그리고 이 조치에 동의하면 무엇이 그들의 직업을 잃게 할 것인지에 대한 두려움으로부터 해방될 것이다. 그들은 이미 어떤 것이 직업을 잃게 하는지 잘 알고 있기 때문이다. 그래서 그들은 두려움 없이 규칙 안에서 이기는 것에 집중할 수가 있다.

선수들에게 무엇이 그들을 경계 밖으로 보낼지를 설명한 후, 우리는 경기장 위의 다른 영역에 대해서도 정의해야 한다. 나는 '경기장 – 계발을 위한 행동지침' 이나 '경기장 – 지도수업 행동지침' 에 대해 서면으로 알려줄 것이다. 이 행동지침들과 뒷받침 서류(여기에서 다시 만들어진 서류)들을 읽는 도중에 각자의 회사에 적합한 경기장을 정의하는 데 좋은 계획이 떠오를 것이다. 그러면 이 서류들을 모델로 삼아 자신의 분야에서 같은 과정을 거치기를 원할 수도 있다. 우리는 이 서류들을 표지와 묶어서 '경기장 협약서' 라고 부른다. 협약서는 직원들에게 기대되는 행동을 그들 스스로가 정확히 알도록 해준다.

선수들에게 '경기장에 대해 어떻게 정의하는가' 는 크게 중요하지 않다. 더 중요한 것은 회사의 방식대로 정확하고 분명하게 정의를 내리는 것이다.

경 기 장

퇴출 진술서

최종적 퇴출의 경계선

비즈니스는 인간의 성실함과 전문성에 대한 경의와 신뢰를 토대로 성립되기 때문에 우리는 나무랄 곳이 없어야 한다. 따라서 아래와 같은 것들이 연루될 경우 즉각적인 해고로 이어질 것이다.

1. 절도나 횡령, 돈 지급에 대한 악용, 생필품 재고 무역기밀 오용의 경우
2. 회사, 사장, 자료 공급자에 의한 저작권 침해로 계약을 위험에 빠뜨리는 경우
3. 계약되었거나 돈이 지불된 업무수행 실패의 경우
4. 회사, 대표자 또는 다른 연줄을 이용하여 채용에 힘쓰거나 또는 회사를 통해 기입되지 않은 업무와 유사한 업무를 수행하기 위해 전문지식을 늘리려고 할 경우
5. 판매의 상태, 수취 계좌, 자신이나 동료의 행동 혹은 소재에 관한 거짓말이나 허위진술의 경우
6. 다른 직원이나 고객 회사의 직원과의 불륜, 간통, 비도덕적인 관계를 했을 경우
7. 근무 혹은 사교적 행위에 관계없이, 고객이 있는 상태에서 일어나는 음주나 약물복용과 같은 풍기 문란한 행동. 또는 고객에게 적발된 경우
8. 제3자에게 회사, 고위관리, 직원들의 이미지를 불명예스럽고, 품위를 떨어뜨리고, 불성실하게 만들 수 있는 증언을 했을 경우
9. 직원, 고객회사의 직원, 고객을 개인으로서 대우함에 있어서 실패했을 경우
10. 회사의 윤리적·전문적 평판을 떨어뜨릴 만한 공적·사적 행동을 했을 경우

운영상 퇴출의 경계선

1. 허락 없이 정기적 회의 일정에 두 번 연속 불참시

서명 :   날짜 :

경 기 장

발전을 위한 아젠다(행동지침)

권고사항

1. 각 계약의 서류 폴더를 종합하라(감독과 선수에게 각각 한 부씩). 폴더에는 다음과 같은 내용을 포함한다.

    A. 경기장 도표(p.135 참조)

    B. 경계선 진술문–최종적 퇴출과 운영상 퇴출[p.140 참조]

    C. 감독과 선수가 갖고 있는 기대치 진술[p.149 참조]

    D. 평가 가능한 수행영역 내의 득점표 3~5부

2. 각 팀 모든 구성원들의 계약협정은 코치의 계약서를 작성하기 전에 한다.

첫번째 회의

시행일 ________

1. 감독은 퇴출 경계선 조항들을 작성한다.

    A. 최종적

        1. 회사측면

        2. 개인적 적용의 측면

    B. 근무상

2. 감독은 3~5가지 영역의 점수기록 방식을 제안한다(하루매출, 평균주문량, 거래당 매상총수익 등).

3. 감독은 선수들에게 갖고 있는 기대치를 진술한다(선수들은 위에 기록된 점수기록 방식 외에도 책임을 지게 될 것이다).

두번째 회의(첫번째 회의 이후 7일 내에 열린다)

시행일 _________

1. 선수들은 점수기록이 적용될 또 다른 영역을 제안한다.

2. 선수들은 자신들이 갖고 있는 기대치를 진술한다.

세번째 회의(두번째 회의 이후 7일 내에 시행된다)

시행일 _________

1. 선수들은 점수가 평가될 영역에서 최소한의 수행기준을 제안한다.

2. 선수들은 성공 수준과 원하는 보상을 제안한다.

3. 모든 수행영역에 대해 타협과 동의로 의사결정을 한다.

4. 보고하는 빈도수에 대해 선수들과 합의를 한다.

5. 어떤 도움과 자원이 필요한지 선수들에게 묻는다.

일대일 지도 도표를 이용할 때의 지침서

1. 가장 중요한 것은 일관성이다. 가능한 최소한 한 달에 한 번은 리더 회의를 가지고 매달 같은 날짜와 시간에 일정을 잡아 정기적인 회의를 가지길 바란다. 첫번째 일요일, 마지막 금요일, 세번째 화요일과 같은 방식으로 일정을 잡아라.

2. 회의의 분위기는 가능한 편안하고 위협적이지 않으며, 긴급 상황을 제외하고는 방해받지 않아야 한다.

3. 일대일 지도의 행동지침 도표를 이용하고 계속해서 추진한다.

4. 정기적으로 회의가 진행되면, 한 번에 한두 시간 이상 이어질 필요는 없다.

5. 주어진 시간의 처음 절반은 지난 비즈니스 과정을 반성하는 데 써야 한다. 중요한 순서대로 감독과 선수의 점수기록표를 검토하는 것이 가장 좋은 방법이다.

   a. 적절한 피드백을 제공하라.
      i. WOW 존에 있을 경우 그 성취에 대해 축하하라.
      ii. HOW 존에 있을 경우 도움을 주고 전략을 세우도록 하라.

6. 남은 시간의 첫번째 3분의 1은 목표를 중요한 순서대로 논의하는 데 써야 한다.

   a. 지난번 리더 회의 이후로 성취된 것은 무엇인가?
   b. 다음번 리더 회의까지 성취되어야 할 것은 무엇인가?

7. 두번째 3분의 1의 시간은 여러 가지 기획을 중요도에 따라 논의하는 절차다. 기획은 목표를 달성하는 데 제거해야 할 장애물일 수 있지만 발전할 수 있는 새로운 기회나 비즈니스 과정에서 있을 수 있는 일상적인 일일지도 모른다.

   a. 지난번 리더 회의 이후로 성취된 것은 무엇인가?
   b. 다음번 리더 회의까지 성취되어야 할 것은 무엇인가?

8. 마지막 3분의 1의 시간은 감독과 선수를 위한 자기계발 시간으로 이루어져야 한다.

   a. 시작하기 위해서 감독과 선수는 어떤 행동을 해야 하는가?
   b. 멈추기 위해서 감독과 선수는 어떤 행동을 해야 하는가?
   c. 실력을 촉진시키기 위해서 감독과 선수는 어떤 행동을 해야 하는가?

9. 마지막까지 단계적으로 진행시키면서 지도수업을 이끌고 조직 내에서 선수들의 가치를 확인시켜준다.

일대일 지도를 위한 도표

(경기장—네 번의 회의와 진행)

선수: 감독: 날짜:

I. 비즈니스 과정

점수기록표 검토
위에서 아래로 논의
적절한 피드백 제공

WOW

HOW

축하

전략(노트에 붙이기)

II. 목표-계획서

3개월에 한 번씩 새로운 계획서

지난 30일 내에 완수된 것들

1. ____________________
2. ____________________
3. ____________________
4. ____________________

이후 30일 내로 수행될 것들

1. ____________________
2. ____________________
3. ____________________
4. ____________________

III. 기획

3개월에 한 번씩 새로운 계획서

지난 30일 내에 완수된 것들

1. ____________________
2. ____________________
3. ____________________
4. ____________________

이후 30일 내로 수행될 것들

1. ____________________
2. ____________________
3. ____________________
4. ____________________

IV. 선수 계발

우리는

____________________ 을 지키고
____________________ 을 촉진하고
____________________ 을 시작하고
____________________ 을 중단하는 것을

함께 하겠습니다.

"우선순위로 일을 진행하는 것이 바쁜 일상을 절약하는 가장 효과적인 방법이다."

감독에게 기대되는 것들

1. 그 직업에 대한 입문지도를 받는다.

2. 성실한 상담자가 된다.

3. 수행자에게 힘이 된다.

4. 특히 우리 팀 앞에서 110%의 지원을 아끼지 않는다.

5. 긍정적이고 구체적으로 생각한다.

6. 나쁜 것은 감독이 갖고, 좋은 것은 선수에게 돌려준다는 마음으로 임한다.

7. 미해결된 의문들은 모두 서면으로 나에게 보내길 바란다.

8. 새로운 과제, 임무, 기술을 통한 성장을 기대한다. 스스로 느끼는 한계를 인정하고, 과거에 부정적으로 조건화된 습관을 타파하려고 애쓴다.

9. 성과물 중의 최고의 성과물이 되려고 노력한다. 개인적 목표와 점수기록 프로그램은 최신, 첨단, 증명할 가치가 있는 것으로 해야 한다.

10. '왜'라는 것에 중점을 두는 의사소통을 기대한다. 그런 대화가 없다면 직접 물어야 한다.

11. 스스로가 가장 관심 있는 것을 택하고 그것들을 믿는다.

분명하게 개요가 잡힌 경기장은 확실함과 일관성을 준다. 경기장이 확립된 이후에만 현실적인 목표가 설정될 수 있다. 그래서 우리는 목표설정 이전에 경기장이 어디에 있는지 알 필요가 있다. 레저 활동은 범위에 대한 정확한 내용을 알고 시작한다. 그리고 그 범위 안에서 목표를 확립한다. 하지만 비즈니스에서는 많은 경우에 적절한 경계설정 없이 목표를 설정하고 일을 시작한다. 그것은 목표가 현실적인지 아닌지 판단하기 어렵기 때문이다. 운동경기뿐 아니라, 비즈니스에서도 목표를 설정하기 전에 그 범위가 먼저 지정되어야 한다.

성공한 감독이 되려면 진술 해설서와 수납장을 가득 채울 만큼의 경기장 계약서를 만드는 일은 당연하고, 그 이상을 해내야 한다. 게다가 선수들의 지도를 위한 시간도 따로 가져야 한다.

이렇게 하는 가장 탁월한 방법은 방해받지 않는 일대일 지도수업이다. 모든 선수들을 위해 한 달에 한 번 이루어져야 한다. 매달 하는 것이 무엇보다 중요하다. 우리가 주당 40시간 혹은 월 173시간의 일을 하는 직원을 고용한다면, 특별지도를 위해 그 1%도 안 되는 시간을 내는 일은 그리 큰 문제가 아니라고 본다.

지금 우리가 명령과 지시를 하고 있다는 것을 나도 알고 있다. 우리도 또한 간부 회의와 팀 내 회의를 가진다. 그리고 그 회의 자체를 계획하기 위한 회의도 있다. 하지만 내가 여기서 말하

 비즈니스 경기장에서 승리하려면 불확실함을 버려라

는 것은 개별 선수에 대해 이루어지는 양질의, 거침없는 일대일의 지도수업이다.

어떤 감독도 선수권대회 중에서 호되게 비판하는 경기에는 참가하고 싶지 않을 것이다. 누군가가 이렇게 말한다고 생각해 보자.

"감독님, 유감입니다만 경기 중에는 어떤 타임아웃도, 선수들과의 중간휴식도, 쿼터간의 쉬는 시간도 없습니다."

이런 내용을 받아들일 감독은 없을 것이다. 하지만 비즈니스에서는 연간, 혹은 반년 만에 이루어지는 비평회의에서 정해진 직무내용 설명서를 그대로 받아들이려고 하기도 한다.

그들은 감독과 선수에 의해 합의된 경기장 계약서의 표지를 이용한다. 여기에는 지도 수업이 진행되는 구체적인 날짜와 시간이 기록된다.

경기장 계약서는 오늘날 미국에서 통용되는 가장 중요한 문서이다. 왜일까? 이 계약서가 지도와 피드백이 확실히 이루어지게 하기 때문이다. 계약은 매달 갱신될 수 있고 수행이 뒷받침된다면(혹은 계약상 미흡한 점이 발견될 경우) 그 이상 자주 갱신될 수도 있다. 이것은 아주 단순하고 간단하며 구체적인 것이다. 그리고 대부분의 경우에 효과적이다.

피드백은 정직하고 긍정적으로 주어지면, 과도하게 자주 일어나는 일은 없을 것이다. 일정을 잡아라. 그래서 선수들이 미리 피드백을 받을 시간이 되었음을 알게 하는 것이다. 만약 양질의 지도를 하고 싶은데, 감독 혼자서 통제하는 시간이 과도하게 많을 수가 있다. 그러면 사람들을 분리시켜 관리체계의 중간단계를 만들어라. 즉 보조 감독들을 두는 것이다. 하지만 감독 자신이 피드백을 주지 않는 체계에 의지해서는 안 된다.

오늘날 비즈니스에서 가장 큰 문제는 사람들이 잘 듣지 않는다는 점이다. 특히 그들이 무엇을 하기를 바라는지에 대해서 말이다. 모든 사람들은 개인의 자유를 갖고 스스로 결정할 권리를 갖는다. 하지만 운동경기뿐 아니라 비즈니스에서도 자신들의 일을 끝낼 의무가 있다. 누군가는 "이것이 우리가 할 일이고, 또한 우리가 그것을 하는 방법이다."라고 말해야 한다.

경기장이 분명하게 정해지지 않으면, 불확실함이 늘어나고 경기를 할 때 힘들어진다. 확실히 규정된 경기장 안에서 선수들은 어디서 승리가 유효한지, 그 경계선에 대해 분명히 알 수 있다.

 비즈니스 경기장에서 승리하려면 불확실함을 버려라

경 기 장
동의서

관계

감독 : ___________________________   날짜 : _______________

선수 : ___________________________   지위 : _______________

첫번째 회의

날짜 : _________   감독 : _____________   선수 : _____________

두번째 회의

날짜 : _________   감독 : _____________   선수 : _____________

세번째 회의

날짜 : _________   감독 : _____________   선수 : _____________

첫번째 월별회의

날짜 : _________   감독 : _____________   선수 : _____________

7

세상은 오직 승자만 기억할 뿐이다

The Game of Work

당신은 슈퍼볼에서 피츠버그 팀에 패배한 다섯 팀의 이름을 댈 수 있는가? 앞의 질문의 대답을 떠올리는 동안 투르 드 프랑스(tour de france)에서 랜스 암스트롱(Lance Armstrong)이 일곱 번 우승하는 동안 준우승을 한 선수들의 이름을 기억하는가. 또 타이거 우즈가 우승하며 마스터스 그린 재킷을 입을 때 아깝게 2등에 머물렀던 선수들의 이름을 기억하는가?

위의 질문들에 대답하는 데 머리가 아프다면 답은 단 한 가지일 가능성이 높다. 누가 그런 일에 신경을 쓴단 말인가? 오직 승자들만 기억될 뿐이다. 승리는 중요하지 않다고 하는 자들의 말을 듣지 말라.

솔트 레이크 시티의 미식축구(NFL)에서 승인받은 공식 용품을 제조하는 회사가 있다. 이는 수십억 달러의 산업이다. 그런데 주 고객층은 25살에서 29살의 아이를 가진 아빠들로 자신들은 미식축구 선수가 되는 데 실패했지만 그 제품을 통해 자기 자식들은 미식축구에서 성공하리라고 믿는 사람들이다.

미국 전역에 걸쳐 수백 개의 회사들이 미식축구와 관련된 공식 용품을 제조한다. 매년 팔리는 양의 절반은 슈퍼볼 참가 선수들의 로고를 달고 있다. 왜일까? 그 이유는 모든 이들이 승자와 함께 하길 원하기 때문이다.

왜 대부분의 신발이나 음료수 광고에는 올림픽에서 금메달을 딴 선수들이나 슈퍼볼 챔피언들만 등장할까? 왜 광고주들은 아마추어 선수들은 광고에 쓰지 않는 것일까? 그러는 편이 훨씬 광고비도 줄일 수 있지 않을까? 당신도 이미 답을 알고 있을 것이다. 모두가 승자와 함께 일하고 싶어 한다는 사실 때문에 우리는 친숙한 얼굴을 선택하는 것이다.

이렇게 생각해보자. 당신은 자동차 사고로 우연히 사람을 죽게 했다. 법정에서 당신을 대변해주길 원하는 사람은 누구인가? 100여 개가 넘는 사건에서 승소한 화려한 경력을 가진 최고의 변호사인가? 아니면 아직 법정에서 승소한 경력은 없지만 미래에 꽤나 잘 나갈 것이라고 판단되는 초짜 변호사인가? 두말할 나위 없이 당신은 승자와 함께 일하고 싶어 할 것이다.

미식 프로축구에서 가장 위대한 감독으로 알려진 빈스 롬바디(Vince Rombardi)는 북미 프로 미식축구 팀의 하나인 그린베이 파커스(Green Bay Packers) 팀의 전 수석 코치였는데 이런 말을 남긴 것으로도 유명하다.

"승리가 전부는 아니지만 승리만이 존재할 뿐이다."

그는 이 말로 많은 비판을 받았는데 스포츠 정신보다 승리에만 너무 중점을 두었다는 이유에서였다. 그를 비판했던 몇몇 사람들은 텍사스 지역에 아이들을 위한 새로운 종류의 야구 리그를 만들었다. 그것은 점수를 매기지 않는다는 점만을 제외하고는 같은 공, 같은 배트, 같은 이닝 수, 같은 필드로 이루어진 작은 리그와 같다. 누가 득점했는지 아무도 모르기 때문에 패배자가 없을 것이라는 생각에서였다. 이 경기가 얼마나 오래 지속되었을까? 딱 1회 반이다. 아이들이 길 건너편으로 가서 실제로 점수를 매기는 야구 경기를 했기 때문이다. 아이들에게도 이기는 것은 중요하다.

요즘 미국에서는 평등을 외치는 소리가 높다. 그들에겐 모든 것이 평등해야 한다. 사실 많은 사람들은 평등과 동등을 같은 것으로 여긴다. 승자들은 이와는 조금 다른 사고방식을 갖고 있는데 그것은 다음과 같이 요약할 수 있다.

"모든 사람들은 동등하거나 그렇지 않은 기회를 가지고 태어난다.”

롬바디 코치가 두번째로 남긴 말은 다음과 같다.

“우리의 목표는 공정하게, 정직하게, 원칙대로 이기는 것이지만, 그래도 어쨌든 이기는 것이다.”

당대의 가장 뛰어난 세일즈맨 중의 한 사람인 헨리 조던(Henry Jordan)은 뛰어난 전술로 유명한데, 한번은 누군가가 그에게 물었다.

“헨리! 당신은 왜 세일즈를 좋아하죠?”

“세일즈는 경쟁이기 때문이죠.”

그는 세일즈맨이 잠재 고객을 만날 때 비로소 판매가 이루어지는 것이라고 말하며 “세일즈맨이 고객을 만나면 고객이 물건을 사거나 세일즈맨이 고객의 변명을 사거나 둘 중 하나죠.”라고 답했다.

롬바디가 남긴 세번째로 유명한 말은 “승리는 자주 이루어지는 것이 아닙니다. 또 가끔 이루어지는 것도 아니죠. 우연히 이루어지는 것도 아닙니다. 승리는 습관이죠. 실패처럼 말입니다.”였다.

다음은 승자의 일곱 가지 특징이다.

승자들은 항상 승리할 준비가 되어 있다

승자들은 늘 게임을 위한 준비가 되어 있다. 그들은 고객과의 약속 자리에 가기 전에 반드시 주문서를 챙겨간다. 그들은 게임 플랜 없이는 게임에 임하지 않는다.

조지 앨런(George Allen)은 워싱턴 레드스킨스(Washington Redskins) 팀을 코치했고 1973년 제7회 슈퍼볼로 팀을 이끄는 데 기여했다. 앨런은 돈을 주고 사람을 사서 LA 스타디움의 30야드 선에 1주일 동안 앉아 있도록 했는데, 그 이유는 경기 전반에 걸친 태양의 각도를 파악하기 위해서였다. 앨런은 경기가 시작되었을 때 방어할 목표를 알고 싶었던 것이다. 승자는 준비되어 있다.

슈퍼볼 경기에 참가하기까지 걸리는 시간은 얼마나 될까? 정확한 답은 24시간이다. 그렇다. 60분 동안 하는 경기를 24회 하기 때문이다. 즉 시즌 전에 열리는 4회의 경기, 16회의 정규 시즌 경기 그리고 4회의 플레이오프 경기다. 이 60분간의 경기를 치르기 위해 과연 준비하는 시간은 또 얼마가 걸렸을까? 코치들, 선수들, 트레이너들이 들인 시간까지 고려해본다면 — 필드 안팎에서 — 각 60분 경기를 치르기 위해 수많은 시간을 준비했을 것이라는 것을 쉽게 짐작할 수 있다.

비즈니스 세계에서도, 우리는 끊임없이 일을 하면서도 막상 준비에 필요한 소중한 시간은 간과하기 일쑤다. 당신이 조직 내에서 승자가 되고 싶거나 승자를 양성하고 싶다면, 당신은 반드시 준비할 시간을 가져야 한다. 각각의 주요 임무 수행자에 대한 자원 대비 성과율을 명확히 정의할 시간을 가져야 한다. 그들을 현장으로 내보내기 전에, 그들 스스로 게임의 계획을 세우고 경쟁사를 탐색하고, 전략을 세울 시간을 주어야 한다.

승자는 승리를 예상할 줄 안다

타이거 우즈는 프로 선수로 전환하기 전에 세 번의 미국 아마추어 선수권 대회에서 우승을 했다. 그가 승리를 예상했을까? 당연한 말이다.

사실 그의 예상의 힘은 무척이나 강력해서 세번째 선수권 대회에서 그에게 패배한 한 선수는 이렇게 말했다.

"저는 9홀을 남겨둔 5홀째부터 이미 이기기 힘들다는 사실을 깨달았습니다."

타이거 우즈는 스스로 승리를 확신했고, 그 결과 그는 아마추어 골프 순회 경기 역사상 전례 없는 커다란 성공을 기록했다.

그리고 그런 태도는 그의 첫번째 메이저 토너먼트에서 승리를 거뒀을 때도 마찬가지였다. 3개월도 채 안 되어서 베테랑을 연장전에서 이겼다.

"저는 항상 승리를 예상합니다. 그리고 늘 제가 원하는 방향으로 타구가 나가길 기대하지요."

이런 자기 확신을 근거 없는 자신감과 구별하기는 어려운 일일 것이다. 그러나 실적이 증명해줄 것이다. 그리고 승자들은 언제나 승리를 예상한다.

25년 전에, 브로드웨이 조 네메스(Broadway Joe Namath)는 ─ 하루아침에 유명해진, 젊고 자신만만한 ─ 뉴욕 제츠(New York Jets) 팀이 제3회 슈퍼볼에서 승리할 것이라고 예상했다. 첫번째 두 경기에서 미국 풋볼 리그(AFL) 우승자는 그린 베이 패커스(Green Bay Packers) 팀에 의해 쉽게 무너졌다. 그리고 아무도 볼티모어 콜츠(Boltimore Colts) 팀이 실패하리라고는 예상하지 못했다. 그러나 조 네메스는 승리를 예상했다. 그리고 승리를 불러왔다.

승자는 구체적이고 긍정적이다

패배자들은 막연하고

비관적인 경향이 있다. 비관주의는 승리하는 태도와 정반대다. 비관주의는 우리가 맞닥뜨릴 수 있는 가장 파괴적인 힘이다. 우리가 스스로에게 가져야 하는 좋은 느낌을 앗아가기 때문이다. 비관주의는 악의 힘이며 마음의 암덩어리와도 같다.

나는 예전에 한 젊은이를 고용하여 내 대신 일을 시킨 적이 있다. 그가 맡은 일은 전화를 걸어 고객과의 약속을 잡는 일이었다. 어느 날 그는 오후 네 시 반에 내게 전화를 걸었다.

"일은 잘 되가나, 리처드?"

전화를 받은 나는 그에게 이렇게 물었다.

"이 모든 비서들을 어떻게 통과해야 하죠?"

그가 말했다.

"그게 무슨 말인가?"

"아무도 저를 사장님한테 연결해주지 않으려 해요."

나는 부정적인 속단을 들을 때면 곧장 그것에 대해 파고드는 성향이 있다.

"오늘 하루 어땠는지 말해줄 수 있나?"

"스무 곳에 전화를 했는데 그 중 열네 곳의 사장님들은 사무실에 없었어요."

나는 즉시, 그 비서들의 70%는 그를 사장과 연결시켜줄 의도가 있었다는 걸 알아챘다. 그들의 사장들은 단지 자리에 없었을 뿐이다.

"다른 여섯 곳은 어땠나?"

나는 다시 물었다.

"두 곳은 약속을 잡았고 두 곳은 다시 전화해준다고 했어요."

"다른 두 곳은?"

"한 곳은 대화 중간에 급한 용무가 생겼고, 다른 곳은, 그러니까 그녀의 비서가……."

이 젊은이가 무슨 잘못을 했는지 알 수 있는가? 전화한 스무 곳 중 한 곳이 실패하자, 하루 종일 자기가 한 일에 대해 부정적인 속단을 내린 것이다.

당신이 부정적인 상황에 대해 설명해야 한다면, 항상 최대한 구체적으로 하라. 부정적인 속단이 당신의 긍정적인 생각을 좀먹게 해서는 안 된다.

승자는 물잔에 물이 반이나 남았다고 하고, 패자는 물잔에 물이 반밖에 안 남았다고 말한다. 승자는 기회를 보고, 패자는 문제를 본다. 예전에도 이런 말들을 들어봤을 것이다. 만약에 당신의 부하직원이 계속해서 물잔의 물이 반밖에 안 남았다고 한다면, 당신은 그의 행동을 바꾸고 부정적인 태도를 고치도록 해야 할 것이다.

승자는 자신의 행동에 기꺼이 책임을 진다

승자는 '나는, 내게, 우리는'이라고 말한다. 패자는 '그들은, 그들에게, 그 사람들은' 그리고 '경영진이'라고 말한다. 패자는 책임 전가의 언어를 사용한다.

예전에 한 회사의 관리자와 만났을 때 내가 물었다.

"이 회사에 무슨 문제라도 있습니까?"

"네. 두 가지 문제가 있습니다."

그가 말했다.

나는 일이 쉽게 진행되리라 예상했다. 이 사람은 회사의 문제점을 모두 파악하고 있었다.

"첫번째는 무엇입니까?"

내가 물었다.

"경영진이 책임을 지지 않아요."

그가 말하며 오른쪽 손을 천장 쪽으로 뻗더니 곧 팔꿈치를 꼈다.

"두번째는요?"

나는 다시 물었다.

"부하직원들 역시 책임을 지지 않으려 해요."

그는 다시 왼쪽 손을 바닥 쪽으로 뻗더니 팔꿈치를 꼈다.

“질문 하나 해도 될까요?”

내가 묻자. 그는 고개를 끄덕였다.

“당신은 어느 그룹에 속하죠?”

그는 당황한 듯이 보였다. 마침내 그는 말했다.

“글쎄요, 그런 건 한 번도 생각해본 적이 없어서요.”

그는 패자의 팔꿈치를 끼는 보기 좋은 예였다. 그건 테니스를 칠 때 생기는 팔꿈치의 통증과 같은 것인데, 테니스 선수들이 서브를 너무 심하게 하거나 공을 사점(Dead center)으로 쳐내지 못했을 때 걸리는 병이다.

패자의 팔꿈치는 경영진 사이에서 또는 세일즈 미팅 중 가장 흔하게 나타난다.

예를 들면, 사장이 보고서가 아직 완성되지 않은 이유를 물을 때 누군가가 말한다.

“페기(Peggy)가 아직 끝내지 못했어요.”

팔꿈치에 통증이 느껴질 것이다. 사장이 그녀에게 다시 보고서를 완성하지 못한 이유를 묻는다. 누군가가 대답한다.

“IT부서의 네트워크가 작동하지 않아서요.”

통증이 다시 시작될 것이다. IT부서는 이 세상의 대부분의 보고서가 늦어지는 것에 대한 비난의 대상이다.

패자들 사이에서 인기 있는 또 다른 단어는 경제다. 사장이 지난달의 판매 실적에 대해 물을 때 누군가 대답한다.

"요즘 경제가 안 좋잖아요."

팔꿈치가 또 저려올 것이다.

인플레이션(Inflation)은 패자들이 즐겨 쓰는 또 다른 단어다. 인플레이션은 가격 증가요인의 골자다. 일반적으로 그것이 당신의 소비에 영향을 끼치는 만큼 수입에도 큰 영향을 끼치고 수입과 지출 차이는 제로가 된다. 그것이 사실이다. 그러나 우리 정부의 수뇌부에서 최종 결정권을 갖고 있는 정치인들은 말한다. 인플레이션이 바로 경제를 좀먹는 원인이라고 말이다. 그들 역시 팔꿈치에 통증을 갖고 있을 것이다.

책임 전가의 언어 중 빼놓을 수 없는 다른 한 가지는 컴퓨터다. 컴퓨터 때문에 선적되지 못했다는 말을 들어본 적이 있는가? 마치 컴퓨터가 주문을 받고, 창고로 걸어 들어가 트럭에 박스를 옮기는 데 책임이 있기라도 한 것처럼 말이다. 만약 컴퓨터들이 받는 비난에 대해 반이라도 책임이 있다면 사무실 내에 컴퓨터는 더 이상 존재하지 않았을 것이다.

또한 장소와 관련된 책임 전가의 언어가 있다. 접수원이 심각한 목소리로 다음과 같이 말하는 것을 들어본 적이 있는가?

"샌프란시스코에 전화연결 되었습니다."

뭔가 중요한 문제일 것 같다. 그 도시의 인구수인 80만에 가까운 사람들을 동시에 연결해주는 회의 전화라도 있는 것일까?

또는 약속된 임금 인상을 요구하는 사람이 다음과 같은 대답을 듣는 경우다.

"시카고가 당신을 거절했잖아."

그는 자신이 그 명단에 있었다는 사실조차 몰랐다.

패배자의 팔꿈치의 문제점이 바로 당신의 문제라는 것이다. 그래서 기회의 문이 열려 있어도 당신이 그 문을 통과하는 것을 어렵게 한다. 누군가가 이렇게 말한다.

"이봐, 자네 이번 프로젝트는 성공적이더군."

당신이 대답한다.

"그렇지 않아, 하지만 내일까지 기다려보게."

승자들은 그들이 이기든 지든 개인적인 책임을 받아들인다.

다음의 줄리오(Julio)와 제니(Jenny)의 이야기는 책임에 대한 것을 보여주는 좋은 예이다.

줄리오와 제니는 이른 아침, 시장에 가는 길의 사거리에서 만났다.

"좋은 아침!"

줄리오가 말했다.

"나, 너랑 대화하기 싫어."

 세상은 오직 승자만 기억할 뿐이다

제니가 대답했다.

“무슨 일이야?”

그녀의 무뚝뚝한 대답에 상처받은 줄리오가 물었다.

“이것 봐, 줄리오. 우리는 모두 혼자야. 주위에 아무도 없다고. 만약 내가 네게 친절하게 대하면 너는 내게 키스하려 할지도 몰라.”

“제니, 내가 어떻게 그럴 수 있겠어?”

그의 눈이 잠시 번뜩였지만 이내 놀란 얼굴로 물었다.

“나는 시장으로 가는 상인이야. 한 손에는 산 돼지, 그리고 욕조를 들고 있어. 다른 한 손에는 멜론 하나와 닭 한 마리를 들고 있잖아.”

“설사 내가 그런 대담한 행동을 할 마음이 있다 해도 내가 지금 가진 걸 모두 잃을까 봐 두려워서 그러지도 못할 거라고.”

“아니야, 줄리오. 돼지를 땅에 내려놓고 그 위에 욕조를 씌우면 되잖아. 맨 위에는 멜론을 올려놓아 고정시키면 될 거고, 그러면 내가 닭을 들어줄 수 있어.”

제니가 망설임 없이 말했다.

그녀는 승자이고, 스스로의 행동에 대한 책임을 질 용의가 있다. 적어도 책임전가의 용어를 사용하지 않았기 때문이다.

오늘 하루는 당신 조직 내에 있는 패배자의 팔꿈치를 치유하는 데 사용해보도록 하라. 당신이 판매 회의를 하거나 일대일로 대화를 나눌 때 누군가 책임 전가의 용어를 사용한다.

"제 책임이 아니에요. 다른 사람이 할 일이라고요."

당신의 팔꿈치를 아무 방향으로나 펴고는 다시 재빨리 거두어 들여라. 그리고 패배자의 팔꿈치에 대해 설명하라. 그러면 당신의 부하직원들은 직장 내 게임을 승리로 이끄는 이 중요한 원칙을 이해하기 시작할 것이다.

우리는 코치로서 우리 팀, 조직, 회사 내 직원들의 감정과 태도에 대해 책임을 가지고 있다. 그리고 우리 조직 내에는 책임 전가의 언어를 사용하는 이들을 위한 자리는 반드시 없어야만 한다.

승자는 원칙을 바꾸지 않는다

승자는 원칙을 바꾸지 않는다. 단지 승리를 위해 그것들을 충분히 이해하려고 한다.

1996년 애틀랜타 하계 올림픽에서 미국 여자 체조팀은 금메달을 향하고 있었다. 그런데 최종 종목을 앞에 두고, 팀의 마지막 선수였던 케리 스트럭(Kerri Strug)이 발목에 심한 부상을 입게 되었다. 하필 미국 여자 체조팀의 첫번째 금메달 획득을 눈앞에 둔 그 상황에서 말이다. 러시아 선수들을 따돌려 승리를 굳힐수 있는 단 한 번의 도약만을 남겨둔 시점에서, 갑자기 그 도약을 수행하기로 되어 있는 선수가 일어나기조차 힘든 상황에 처한 것이다.

이때 만약 전 세계에서 경기를 시청하고 있는 약 10억 인구앞에서 스트럭의 코치였던 벨라 카롤리(Bela Karolyi)가 러시아감독 앞으로 걸어나가 "우리 팀 선수가 다쳤어요. 어제 그 선수두 발목이 멀쩡했을 때 수행한 도약으로 성적 매깁시다. 공평하게 해야죠."라고 말했다면 어땠을까?

그럼 실제는 어땠을까? 전 세계에서 경기를 시청하고 있는10억이 넘는 인구 앞에서 벨라 카롤리는 스트럭에게 소리쳤다.

"일어나! 케리. 넌 할 수 있어! 이런 상황에 대비해서 지금까지 훈련한 게 아니었겠냐!"

케리는 일어서서 통로 앞으로 발을 절룩거리며 돌아갔다. 그녀가 도약을 완성하기까지 65초가 남은 상황이었다. 그녀는 코치를 다시 한 번 흘끗 보고는 달려나갔다. 그녀는 대기 중으로높게 도약해서 한 바퀴 반 공중제비를 돌고는 두 발로 안정적으로 착지했다. 그녀는 아픈 발을 매트에서 빼내기 전에 착지에 전념하며, 심지어 심판 쪽을 향해 "자, 이래도?"라고 하는 듯한 미소를 지어보이기까지 했다. 케리 스트럭은 원칙이 바뀌지 않는다는 사실을 알고 있었고, 오로지 자신의 성과만이 평가된다는 것을 잘 알고 있었다.

오늘날 원칙을 바꾸려고 노력하는 모든 사람들을 생각해보라. 그들은 매사를 공평하고 동등하게 하는 데 너무 힘을 쏟아서 그들이 실제로 이길 수 있는 게임에는 참가하기조차 못한다.

어디에나 항상 리더들과 추종자들, 승자들과 패자들, 도움이 되는 사람들과 해가 되는 사람들이 있다. 많은 것들에 변화가 필요한 것이 사실이지만, 승자는 게임 중간에 원칙을 바꾸려고 노력하지 않는다. 그들은 단지 이기기 위해 원칙을 잘 이용할 방법을 찾을 뿐이다.

한때 미국 상공회의소 의회의 의장을 지낸, 제이 밴 앤델(Jay Van Andel)은 이렇게 말한 적이 있다.

"우리는 열차를 세우면서까지 맨뒤의 승무원 칸이, 맨앞의 엔진 칸을 앞지르게 하지는 않을 것입니다."

분명 우리는 변화와 개선을 필요로 한다. 그러나 너무 많은 사람들이 쉬운 지름길을 택하거나 공짜로 무언가를 얻기 위해, 또는 경기에 참여하지 않고도 승리의 혜택을 누리기 위해 원칙을 바꾸려고 하는 것이 사실이다.

승자는 기꺼이 거래의 값을 치른다

"만약 승자가 되고 싶다면 값을 치러야 한다."

"대가를 치러라."

패자 역시 대가를 지불한다. 하지만 승자는 기꺼이 지불한다는 점에서 다르다.

에릭 헤이든(Eric Heiden)은 진정한 승자다. 그는 21살의 나이에 1980년 레이크플래시드(Lake Placid) 겨울 올림픽 경기에서 개인 부문 스피드 스케이팅 금메달을 다섯 개 획득했다. 이 기록은 지금까지 깨지지 않았다. 헤이든은 위스콘신 출신이다. 그는 훈련 일정은 매일아침 대학 축구팀 내의 자체 훈련으로 시작해 스키 점프장(Ski jump) 언덕의 289계단을 달려 오르는 것을 포함했다. 게다가 그는 얇은 레이싱 복을 입은 채 영하의 겨울날씨에도 스케이트를 타곤 했다.

그러나 항상 밖에서 훈련하는 것은 아니었다. 그에겐 개인 훈련실이 있었는데 그곳은 넓이 7피트 반, 높이 4인치의 스테인리스 플랫폼(Platform)을 가장자리에 갖추고 있었다. 올림픽 경기 훈련을 하는 동안 그는 플랫폼에 올라가 한 번에 네 시간씩 운동했다. 매일, 매주, 매년을 그렇게 했다. 그 모습이 한번은 텔레비전에 방영된 적이 있는데 훈련 중인 에릭의 표정이 어땠을 것 같은가?

고뇌나 고통, 또는 실망의 흔적은 전혀 없었다. 승자의 얼굴 표정인 미소만 있었을 뿐이다. 그리고 카메라가 미처 보여주지 못한 전체 화면에서도 에릭은 그가 곧 손에 넣을 금메달을 그려볼 수 있었다. 승자는 기꺼이 대가를 지불한다. 그것이 거래라는 것을 알고 있기 때문이다. 그리고 그들이 이후에 얻게 될 성과에 집중하며 더 열심히 노력할 때, 장애물은 눈 녹듯이 사라져버린다.

승자들은 코치가 미래의 성과나 혜택에 대해 더욱 생생한 그림을 보여줄 능력이 있을 때, 기꺼이 더한 대가를 지불하려고 할 것이다. 그러고는 기적적인 결과를 만들어낸다.

승자는 목표를 설정한다

승리와 목표 설정은 유사하다. 승리가 가져다주는 것을 알지 못하고는 이길 수 없다. 승자들만큼이나 열심히 일하고도 언제 멈추고 축하해야할지 몰라 패배하는 사람들이 많이 있다. 무엇보다 승자들은 목표를 설정하는 사람들인 것이다.

타이거 우즈는 1990년 중반에 골프계에 혜성처럼 등장했다. 지난 30년 동안은 예상할 수 없었던 일이었다. 세 번의 미국 아마추어 선수권대회의 승자인 그는 자신의 첫번째 티샷부터 승자였다. 그가 거기서 멈췄을까? 물론 아니다. 거의 태어난 순간부터 목표가 정해져 있었다. 처음엔 그를 위해 그 목표가 정해졌고, 그 다음엔 그가 그것을 받아들였으며 그것을 껴안았고 자기 것으로 흡수했다. 세 살 때 마이크 더글러스 쇼에 출연하고, 11개월이 되었을 때 샷을 날렸다.

그는 매일 아침 일어나 잭 니콜라우스와 다른 위대한 이들의 신문 기사를 스크랩했다. 그들은 우즈가 처음으로 모방한 이들이었으며, 또한 그가 참가한 첫번째 프로 시즌에서 그로 인해 패배의 쓴 잔을 마셔야 했던 이들이기도 했다. 그가 남긴 실적은 그 이전에는 거의 전무하다시피 했으며, 그가 프로로서 처음으로 메이저에서 우승한 이후로는 아무도 없었다. 그렇다면 그는 어떻게 이렇게 할 수 있었을까?

"위대한 목표, 그는 위대한 목표를 가졌다. 그리고 오직 위대한 목표를 가졌을 때에만 위대한 목적을 달성할 수 있다."

이 말은 역사적인 1997년 마스터스 경기에서 2등을 다퉜던 이들 중 한 사람이 했던 말을 인용한 것이다. 그리고 그는 18번째 그린에 대한 찬양 하나로 우즈의 승리에 영향을 미쳤던 사람이기도 했다. 우즈가 그랜드슬램, 즉 마스터스 U.S. 오픈, 전영 오픈 그리고 미국 PGA 선수권 대회까지를 어떻게 단 한 시즌에 승리할 수 있었을까? 그의 대답은 "이론상으로는 가능하죠!"였다. 그가 가슴 속으로도 가능하다고 생각한다는 사실을 믿지 않는 사람은 아무도 없었다. 승자들은 목표를 설정하는 사람들이다. 더욱 중요한 사실은 그들은 목표를 성취하는 사람들이다.

이렇게 승자는 목표를 설정한다. 그리고 모든 조직의 흥망성쇠는 그 조직의 각 개인이 목표를 설정하고 성취하는 능력에 달려 있다. 명확한 목표를 설정하는 것은 누군가 당신의 머리에 총구를 겨누고 있는 것보다, 또는 당장 코앞의 천만 달러 수표보다 더 훌륭한 동기를 부여해준다.

테드 리게티(Ted Ligeti)는 21살의 나이에 최연소 미국 알파인 스키선수로 금메달을 획득했을 당시 일약 스타가 되었다. 그러나 리게티는 두 살 때부터 스키를 탔으며, 대학원에 다닐 때 이미 자신의 목표는 올림픽 챔피언이 되는 것이라고 말했다.

그는 여름학교에 참가했는데, 그 이유는 겨울이 오면 유타 주의 파크 시티에 있는 집 근처 산에서 더 많은 훈련을 하기 위해서였다. 날이 어두워지면 그는 조명을 밝힌 활주로 위에서 스키를 계속 탔다. 다른 사람들이 언덕에서 그를 끌어내야 할 정도였다. 아무도 그의 승리를 확신하지 못했다.

그가 18살이 되기 전까지는 미국 국가 개발팀 명단에 이름조차 올리지 못했다. 그러나 그에겐 항상 목표가 있었다. 그리고 자신의 삶을 하나의 목표를 추구하며 보낸 끝에 21살의 나이에 일약 스타가 될 수 있었다. 목표 설정은 인간에게 동기를 부여하는 가장 강력한 힘이다.

그러나 당신이 목표를 이루기 위해서 반드시 올림픽 선수나 프로 축구 선수가 될 필요는 없다. 어린 시절부터 시작해야 하는 것도 아니다.

켄터키 프라이드치킨(Kentucky Fried Chicken)의 창립자인 할랜드 샌더스(Harland Sanders)는 그의 자서전에서 지극히 암울했던 시기에 대해 언급한다. 그는 음식을 살 돈이 없어서 부잣집 이웃 아이를 납치해 몸값을 요구하려는 계획을 세운 적도 있었다. 그는 또 네 번이나 파산했다. 결국 자신의 모텔 비즈니스가 잘 되지 않아 아내의 식당에서 닭을 요리해야 했다.

그는 65살의 나이에 솔트레이크 시에 있는 3900번가에서 첫 번째 켄터키 프라이드치킨을 요리했다. 그러고는 몇 주 동안 잠시 떠나 있었다. 그가 다시 돌아왔을 때 그곳은 이미 유명해져 있었다. 모두가 그 켄터키 프라이드치킨을 원했기 때문이다.

그는 72살에 200만 달러를 받고, 1년에 25만 달러의 로열티를 받는 조건으로, 전 켄터키 주의 주지사이자 한때 보스턴 셀틱스를 소유했던 존 브라운(John Y. Brown)에게 켄터키 프라이드 치킨의 판권을 팔았다.

할랜드 샌더스는 미키 마우스 다음으로 세계적으로 가장 알려진 얼굴이다. 88살의 나이에 그는 아직도 목표가 남아 있느냐는 질문에 "네."라고 대답했다.

"세 개의 목표가 있지요. 하나는 20년을 더 살아 100살을 넘기고 싶습니다. 두번째는 100살이 되는 해에 2년간의 휴가를 떠나고 싶어요. 치킨을 요리하기 시작한 후, 한 번도 휴가를 가본 적이 없거든요, 조금씩 지치고 있기도 하고요. 셋째로 102살에 휴가가 끝나면 새로운 아이디어를 갖고 돌아와서 미국인들의 삶에 또 다른 영향을 미치고 싶습니다."

90살이 되던 해, 백혈병이 그를 덮쳐 나머지 목표를 이룰 수는 없었다. 그러나 그는 여전히 인간의 동기부여에 있어서 목표 설정이 세상에서 가장 강력한 힘이라는 것을 보여준다.

미국 국민의 3%가 조금 넘는 사람들만이 재정적 독립 상태에 있다고 한다. 이 범주 안에 들기 위해서는 최소한 얼마의 순자산이 필요할 것이라고 생각하는가? 100만 달러 정도? 그렇다.

『옆집의 백만장자(The Millionaire Next Door)』라는 책에

따르면 미국 가정의 대략 3%가 100만 달러가 넘는 순자산을 갖고 있다고 한다. 연수입이 최소한 13만 5천 달러가 넘으니 평균은 26만 달러가 된다는 것을 의미한다. 만약 당신이 이 범주 안에 든다면 미국 가정의 3% 안에 드는 것이다.

미국 가정의 10%는 순자산 35만 달러에서 100만 달러를 가진 사람들이다. 이들은 매년 8만 달러에서 12만 달러를 번다. 이 범주에 드는 사람들은 비교적 재정적으로 안정적이라고 볼 수 있다.

미국 국민의 60%는 겨우 생계를 유지하고 있다. 그들의 순자산은 기본적으로 살고 있는 집에 묶여 있다. 그리고 그 자산의 대부분은 신용 카드와 빚을 갚는 데 쓰인다.

27%의 사람들은 단지 생존만을 위해 외부 도움을 필요로 한다. 그들의 생계는 누가 백악관에 들어가느냐에 달려 있다.

모두가 위의 두 범주 안에 들고 싶어 한다는 사실을 제외하면 위의 두 그룹과 밑의 두 그룹을 구별하는 것은 무엇이라고 생각하는가? 밑의 두 그룹이 거의 목표를 갖고 있지 않은 반면, 위의 두 그룹은 목표를 지향하는 사람들의 집단이다. 그리고 첫번째 그룹인 3%가 두번째 그룹의 10% 그룹을 50대 1로 능가하며, 3% 그룹의 평균 순자산은 10% 그룹의 몇 배에 달한다. 그러나 두 그룹 사이에는 어떤 통계학적인 차이점도 없다. 나이, 인종,

종교, 교육, 성 그리고 부모의 경제적 능력에 있어서도 거의 차이점이 없다고 할 수 있다.

가장 큰 차이점이라고 할 만한 것은 3% 그룹의 사람들은 목표에 도달하기 위해 구체적인 계획을 종이에 써놓았다는 점이다. 대부분의 사람들에게 이것은 쉽지 않은 일일 것이다.

왜 사람들은 목표를 세우는 것을 두려워할까? 어떤 사람들은 자신들의 실적이 평가되는 것을 좋아하지 않는다. 아마도 실패에 대한 두려움 때문일 것이다. 그리고 어떤 사람들에게는 게으름이 그 원인일 수 있다. 그렇다면 그들이 무엇을 놓치고 있는지 살펴보라. 부자들은 더 오래 살고, 더 나은 삶을 살고, 더 행복해 보인다. 그리고 널리 알려진 사실과는 달리, 이 범주의 사람들은 이혼율이 낮다.

프랭클린 루스벨트(Franklin D. Roosevelt)는 대통령 당선 20년 전부터 미국 대통령직에 관한 계획을 세워왔다. 세계에서 가장 거대하고 아름다운 건물들과 다리들 그리고 비행기들이 정교한 세부묘사에 의해, 실제로 벽돌이나 금속이 쌓이기도 전에 먼저 그의 그림판 위에서 완성되어 있었다.

목표를 글로 쓰는 것은 우리의 꿈을 구체적인 계획으로 바꿔준다. 그리고 그것은 당신의 목표를 다른 이들과 공유할 수 있게 해준다. 글로 적은 목표는 의견이나 변덕이나 희망이 아니다. 목표를 글로 적는 것은 꿈을 현실로 바꿔주는 열쇠가 되는 단계다. 바로 그것이 실패와 성공을 가름한다.

우리는 자신의 삶을 건축하는 건축가가 되어야 한다. 당신이 꿈에 그리던 집을 지으려고 준비할 때 누구를 찾아가겠는가? 건축가다. 왜인가? 왜 어떤 이들은 건축가에게 집에 들어가는 총 비용의 6~8%만큼이나 쓰는 것일까?

50만 달러 집에 들어간 3만~4만 달러는 시설에 있어 실질적인 차이를 만든다. 그렇다면 우리가 쓰는 예산의 그 6~8%만큼을 이 훈련에 쓰면 어떨까?

건축가들은 우리 마음속에 있는 막연한 생각을 끄집어내어 계획을 글로 수립한 뒤, 다른 이들을 시켜 그 계획을 돕게 하는 이들이다. 대략 연 수입의 5년치가 드는 집을 짓는 데 이 기술이 중요하다면, 우리의 남은 삶을 위해 같은 기술이 필요하다는 것은 말할 필요도 없지 않은가?

8

승자들은 80대 20의 법칙을 준수한다

The Game of Work

1978년 내가 스포츠와 비즈니스 간에 많은 유사점을 발견하기 시작했을 때 나는 몇몇 진짜 승자들을 인터뷰하기로 결심했다. 나는 앨라배마 주립대학에 전화를 걸었다. 나는 앨라배마 주립대학의 수석 축구 코치였던 폴 베어 브라이언트(Paul Bear Bryant)와 이야기를 하고 싶었다.

그 당시 베어는 이미 전설적인 존재였다. 나는 지역번호만을 누르고 교환원에게 '베어 씨' 하고만 말했는데도 교환원은 즉시 베어를 내게 연결해주었다. 1982년 앨라배마 주법은 70살이 되면 의무적으로 은퇴하는 법안에 대한 예외를 베어에게 적용했다. 이는 베어가 앨라배마 주를 위해 그가 원하는 한 언제까지나 일할 수 있다는 법안이었다. 앨라배마 주가 그를 얼마나 사랑했는지 잘 보여주는 일화다. 그는 1983년 세상을 떠났다.

처음 전화로 그를 만났을 때 나는 그에게 스스로 승자로 생각하느냐고 물었다. 그는 낮게 신음하더니 말했다.

"난 축구경기에서 삼백일곱 번 승리했소. 그리고 내가 코치했던 모든 경기에서 88.7%의 승률을 갖고 있소."

그때 나는 깨달았다. 그의 자신감은 상당히 구체적이라는 것이다. 나는 그에게 시간을 내줘서 감사하다고 말하고는 전화를 끊었다.

그 후, 나는 국가적 인정을 받고 있는 주요대학 중 하나인 한 지방대학의 수석 코치에게 전화를 했다. 나는 그도 승리에 대해 뭔가 알고 있을 거라고 생각했다. 전화연결이 되었을 때, 나는 그에게 스스로를 승자로 생각하는지 물었다.

그가 말했다.

"척, 당신은 뭘 모르고 있군요."

나는 문제가 생겼음을 직감했다.

"당신이 모르는 게 있어요. 나는 협회에서 일곱번째로 적은 양의 예산을 받고 있소. 내가 7위 안에 든다면 그럭저럭 괜찮은 성과일 거요."

나는 그가 잘못 들었을지 모른다고 생각하고 같은 질문을 반복했다.

"코치님, 당신이 승자라고 생각하십니까?"

그가 말을 이었다.

"척, 이 마을은 협회에서 우승한 학교가 있는 아랫마을보다 축구에 지원하지 않는다는 사실을 모르시는군요."

나는 그에게 마지막으로 질문을 한 번 더 시도해보기로 했다.

"코치님, 그렇다면 당신은 승자입니까?"

그가 대답했다.

"당신은 남부 캘리포니아에서 애들을 모아서 축구를 시킨다는 것이 얼마나 어려운 일인지 상상도 못할 거요."

그 코치와의 대화는 전에 내게 자문을 구했던 의류 체인망을 갖고 있던 사장을 떠올리게 했다. 그때 나는 그 의류 체인망의 사장이 가장 바라는 점이 무엇인지 물은 적이 있다. 그는 이렇게 말했다

"직원들이 내게 일기예보를 하는 것 좀 그만두었으면 좋겠소."

그가 말했다.

나는 그가 무슨 말을 하는지 이해할 수가 없어서 자세한 설명을 해달라고 했다. 그러자 그는 이렇게 말했다.

"나는 모두 여덟 개의 매장을 갖고 있소. 그리고 내가 매장에 전화해서 판매실적이나 직원 출근 상황에 대해 물을 때마다 우리 직원들은 내게 일기예보를 하고 있소. 내가 결근한 사람이 몇인지 물으면 우리 직원들은 밖에 눈이 와서 직원이 모두 출근을

못했다고 말하지요. 그리고 매출을 물으면 밖에 비가 와서 손님들이 집에서 나오지 않는다고 하죠. 나는 그놈의 날씨 보고를 듣자는 게 아닌데 말이오.”

이 관리자가 진정으로 내게 원한 것은 그의 부하직원들이 날씨를 탓하는 변명을 늘어놓는 것을 그만두고 득점카드와 목표를 보게 하는 것이었다. 그는 막연한 성과가 아닌 구체적인 결과물을 요구했다. 이렇게 승자들은 구체적이다.

승자는 내기를 즐긴다

예전에 다른 사람에게 너무 동정적인 한 취재기자가 유명한 은행 강도인 윌리 서튼(Willie Sutton)을 인터뷰한 적이 있었다. 그 기자는 범죄 행동을 더 잘 이해하기 위해 범죄자 마음에 대한 통찰을 얻고자 했다.

리포터가 진지하게 물었다.

“윌리, 왜 은행을 턴 거요?”

“그곳에 돈이 있기 때문이죠.”

윌리와 같은 승자들은 가능성을 잘 알고 있다. 그들은 돈이 있는 곳으로 간다. 그들은 파레토 법칙(Pareto Principle)을 이해하는 것이다. 파레토(Pareto)는 이탈리아 사회학자다. 그는 납세대장과 납세율에 대해 연구한 후, 재산 보유가의 20%가 80%의 재산세를 내고 있다는 사실을 발견한 것으로 유명하다. 그 발견이 파레토 자신의 삶을 어떻게 변화시켰는지는 모르지만, 비즈니스계에 막대한 영향을 끼친 것은 자명한 사실이다. 독자 여러분은 아마도 이것을 80대 20의 법칙으로 알고 있을 것이다.

나는 예전에 업계에서 잘 나가는 한 통신 회사와 함께 일할 기회가 있었다. 그 회사는 성공적이었다. 그곳 영업 사원 중에 7년차 베테랑이 있었는데 그는 중년을 훌쩍 넘긴 나이였다. 그는 이미 인생에서 자신이 원하는 물질적인 것들을 대부분 소유하고 있었기 때문에 동기부여가 되기 어려운 부류의 사람이었다. 또 그는 판매 조직의 서열 네번째 생산자였고 회사를 구축한 굳건한 인물 중의 하나였다. 성공적인 인생을 살아온 셈이다.

우리가 처음 만났을 때 그는 내 목표 설정 방법을 따르기에 자신은 너무 바쁘다고 늘 입버릇처럼 말했다. 그는 해야 할 일, 참여해야 할 회의, 전화해야 할 사람들이 너무 많았다. 할 일의 연속이었다. 그의 사업과 시장에 대해 잘 몰랐기 때문에 내 목표 설정 방법은 그에게 먹히지 않았다.

그는 바쁘게 그리고 열심히 일하는 사람이었다. 그에겐 계획이 있었다. 그는 현장으로 나가서 열심히 일했으며 많은 실적을 예상했다. 새로운 고객을 찾고, 다른 비즈니스를 뚫고, 스스로의 목표를 달성하길 원했으며 스스로 매우 만족하고 있었다. 수수료가 수표단위로 굴러들어왔다. 그는 전형적이었다. 너무 전형적인 방식으로 일을 처리하고 있었다.

나는 그에게 80대 20의 법칙을 알려주었다. 나는 그의 고객의 20%가 그의 수익의 80%를 내고 있다고 말했다. 그가 대답했다.

"척, 당신은 비즈니스에 대해 전혀 모르는군요."

우리의 논쟁이 계속되면서, 나는 그에게 우리 회사 서비스에 대한 지불을 미리 했으니 이번 한번만 내 방식을 따라보도록 제안했다. 나는 그에게 작년의 판매기록을 가져와서 한 해 동안 각 고객으로부터 얼마나 많은 수익을 남겼는지 계산하고, 가장 높은 수익을 남겨준 고객 순으로 순위를 매겨보라고 했다.

그는 마지못해 내 제안대로 해보겠다고 했다. 1주일 후에 그가 돌아왔을 때, 그는 얼굴에 매우 만족한 표정을 짓고 있었다. 누군가에게 무엇을 증명이라도 한 듯한 얼굴이었다.

"당신은 고객의 20%가 내 수익의 80%를 차지할 거라고 했죠?"

"그랬죠."

"당신이 틀렸어요."

그러나 그 만족스런 표정으로 봐서 나는 그가 무엇인가 중요한 것을 깨달았으리라는 약간의 힌트를 얻을 수 있었다.

"제 예상이 얼마나 빗나갔죠?"

내가 물었다.

"총 백네 곳의 고객사 중에서 열아홉 곳이 내 수익의 83%를 차지했어요."

그가 말하자, 방 안에 있던 나머지 사람들은 웃음을 터뜨렸다.

"또 한 가지 알려드릴 게 있어요. 다른 여섯 곳의 거래처는 제 수익의 그 다음 13%를 차지했어요. 총 백네 개 거래처 중에서 그 25%가 제가 작년에 벌어들인 총수입의 96%를 차지한 거죠."

"기분이 어떠세요?"

내가 물었다.

"망치로 한 대 얻어맞은 것 같아요."

"자, 그럼 이제 어떻게 하실 건가요?"

"나머지 40%의 거래를 처분하려고요. 영업부장 책상에 그걸 올려놓을 겁니다. 저는 그 일을 맡기에 적당치 않다는 메모와 함께요."

그는 정말로 그렇게 했다. 그리고 영업부장은 충격을 받아 재빨리 손을 써서 새로운 영업부 사원들에게 거래처를 재분배했다.

그 중년의 영업사원은 앞으로는 큰 거래처를 유치하는 데 더

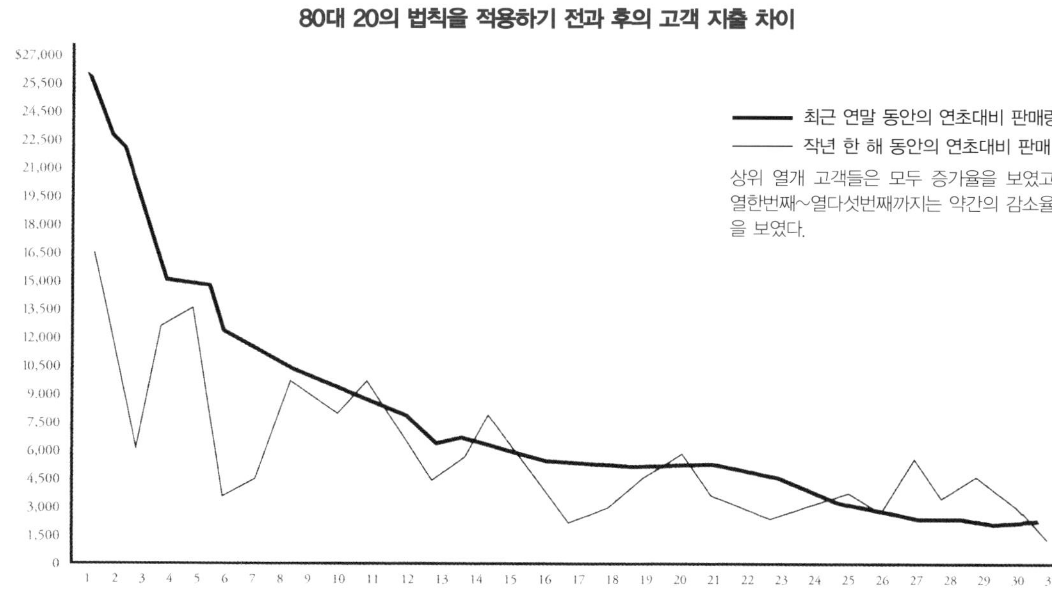

80대 20의 법칙을 적용하기 전과 후의 고객 지출 차이
고객으로부터의 연간 달러 합산량
최근 연말 동안의 연초대비 판매량
작년 한 해 동안의 연초대비 판매
상위 열개 고객들은 모두 증가율을 보였고 열한번째~열다섯번째까지는 약간의 감소율을 보였다.
고객들(연간 판매량에 따른 순위)

욱 힘쓸 것이라고 말했다. 그는 다음 90일간의 스케줄을 잡아 그의 각 고객을 직접 만나기로 하고, 여러 곳에서 들어오던 주문을 몇 곳으로 줄이는 데 힘썼다. 예전의 마흔 곳의 거래처에는 더 이상 신경 쓰지 않아도 되었다. 대신에 그는, 자신의 가장 큰 고객들과 맞먹는 잠재력을 지닌 새로운 거래처를 뚫는 데 힘썼다.

4개월 후, 그는 내게 전화해서 그가 회사에 들어온 이후 가장 큰 수수료를 받았다고 말했다. 그는 두번째로 큰 융자금도 갚았다고 말했다. 지금 그는 아내와 함께 예전과는 다른 방식으로 삶을 즐기고 있다. 80대 20의 법칙에 대한 이해는 간편한 득점기록 기술을 이용해 그가 고객 중에서도 핵심 고객만을 상대할 수 있게 해주었다.

그는 판매를 13% 높이려는 목적을 갖고 우연하게 내 프로그램에 참여하게 되었다. 90일 후 그는 목표를 47%로 수정했으며, 결국 추적 시스템을 시작한 지 12개월 후에는 그 목표를 훨씬 웃도는 55% 증가를 달성했다. 추적 시스템은 외부 압력 없이도 그에게 동기부여를 해주었고, 그의 잠재된 가능성을 일깨워주었다.

80대 20의 법칙은 앞의 도표에서 보듯이 어느 비즈니스나 영업사원에게도 그래프로 나타내질 수 있다.

고객 중에서도 핵심 고객만을 상대하는 방법은 당신의 팀에게도 새로운 결과를 가져올 수 있다. 시장은 당신의 팀이 어떻게 하고 있는지 증명한다. 강한 것을 더 강하게 만드는 데 주력하라.

고객 기반이 비교적 안정적인 상황에서 안정적이면서도 동시에 공격적인 80대 20법칙을 적용하여 드라마틱한 결과를 초래한 세일즈 사례들이 있다.

첫째로, 당신의 비즈니스의 80%를 차지하고 있는 거래처의 20%를 추린 후 그 그룹 거래처에서 25% 수익의 증가를 목표로 삼아라. 만약 성공하면 이 증가분이 나머지 거래처 80%에서 얻어지는 모든 수익을 대체할 수 있다. 어차피 그 나머지 80%의 어떤 거래처도 큰 수익을 낼 수 없다. 이것이 첫번째 단계다.

두번째 단계는 수익의 약 16%를 차지하던 당신의 고객 중에서 40%를 추린 후 이 거래처 그룹에서 수익의 목표를 두 배로 잡아라. 이것은 합리적이고 논리적인 계획이다. 판매율을 32%나 증가시킬 수 있는 기회를 제공하면서도 여분의 거래처를 만들어낼 수 있다. 그리고 그 새로운 거래처를 젊고 활동적인 신입 영업사원들에게 재분배할 수도 있다.

나는 남는 거래처를 관리하는 방법에 대해 기업에 알려주며 커다란 성공을 거둬왔고, 그 과정에서 재미도 느낄 수 있었다. 우리는 프로 미식축구에서 사용하는 뽑기 방법(NFL draft)과 유사한 시스템을 만들었다. 이는 성적의 역순으로 제비를 뽑는 방법으로, 가장 낮은 실적을 보이는 영업사원이 첫번째로 제비를 뽑고, 다음으로 낮은 실적의 영업사원이 두번째로 제비를 뽑는 방식이다.

마지막 단계에서 각 영업사원들에게는 짧은 시간이 주어진다. 그 후 30일 안에 각 영업사원들은 영업 부장에게 각 새로운 거래처를 뚫을 수 있는 기획안을 제출해야 한다. 이 과정의 마지막에는 어떠한 남은 거래처라도 하우스 거래처 또는 전화 판매 프로그램의 일부가 되어 주문의 형태로 바뀌어 있을 것이다.

기업은 생산성을 분석하여 타입별로 구분해야 한다. 예를 들어 재고는 수익성에 따라 분류되고, 서로 다른 아이템별 또는 아이템 그룹별로 하위분류될 수 있다. 또다시 80대 20의 법칙이 적용된다. 가끔 재고 아이템의 20%는 판매 수익의 80%를 차지한다.

몇 년 전에 페인트 판매회사의 재고를 관리하는 일을 도운 적이 있다. 나는 지금까지 그가 어떻게 각 상품을 추적해왔는지 물었다. 그는 그 당시 회사 목표가 모든 제품에 대한 재고율을 100% 보유하고 있는 것이었기 때문에 따로 그렇게 할 필요가 없다고 했다. 그 목표는 너무도 강조되어왔던 터라 추적할 필요조차 없다고 덧붙였다.

마침내 오랜 논의 끝에, 그는 50달러에 해당하는 점원의 시간을, 회사에서 필요한 물건에 대한 재고를 100% 보유하고 있는가의 여부를 조사하는 데 쓰기로 했다. 우리가 첫번째 주에 발견한 사실은 한창 성수기에 불충분한 재고문제로 인해 주문의 17%는 선적될 수 없었다는 것이었다. 그 관리자는 깜짝 놀란 듯이 말했다.

"그럴 리가 없어요. 지금까지 이런 경우는 없었는데……."

우리는 추적을 계속하기로 했고, 둘째 주에는 불충분한 선적 때문에 주문의 16%가 도착하지 못했다는 사실을 발견했다. 그 대표는 내 말을 듣기 시작했고 우리는 희망하는 결과를 얻을 때까지 추적을 계속하기로 했다.

2개월 반 만에, 우리는 채우지 못한 주문을 6%로 줄였다. 그러나 이에 만족하진 않았다. 재고는 여전히 많았고 우리의 측정 시스템에 대해 약간의 의문도 있었다.

우리는 80대 20의 법칙을 인정하고 다른 재고 아이템들 사이에는 구분이 필요하다는 것에 동의했다. 가장 큰 문제가 존재하는 부분에 좀 더 중점을 두며. 우리는 재고를 세 그룹으로 나눴다. 총 판매율의 78%를 차지하는 아이템의 정확한 20%는 그룹 A로 들어갔다. 운영진은 이 아이템들에 관해서는 절대 재고가 부족해서는 안 된다고 판단했다. 우리는 다른 두 그룹으로부터 그것들을 따로 추적했다.

그룹 B는 판매의 17%를 책임지는 40%의 아이템으로 구성되어 있었다. 우리는 이것들이 재고가 필요한 아이템이긴 하지만 그리 급하지는 않은 물건이라는 사실에 동의했다. 이 아이템들은 종종 그룹 A에 있는 아이템들과 용기의 크기만 다른 동일한 제품이었다. 그룹 A의 색깔보다 약간 바랜 색의 제품들인 경우도 있었다. 만약 이 아이템들의 재고가 떨어지면 그룹 A의 아이템들로 대체되기도 했다. 우리는 그룹 B 아이템 때문에 회사가 높은 재고 위험률을 가지게 된 것이라는 판단을 내렸다.

그룹 C에서 재고의 밑바닥 40%를 차지하는 아이템들은 총 판매율의 5%도 채 되지 않았다. 그의 비즈니스에서 그렇게 작은 부분에 많은 돈이 묶여 있었던 것이다. 회사가 판매율이 가장 낮은 이 아이템들 때문에 더 큰 재고 위험을 껴안았을 것이라는 사실이 명백해졌다. 우리는 이 아이템들의 상당수는 항공화물로 보내는 것이 재고에 많은 자본을 묶어두는 것보다 나을 것이라는 결론을 내렸다.

우리는 재고 보유를 주단위로 평가하여 각 재고 수준에 기준을 설립했다. 그룹 A에서 우리는 성수기에는 8주 공급을 실행하기로 했다. 그룹 B에서는 모든 재고에 대해 평균 6주를 유지하면서 2주 공급을 실행하기로 했다. 그룹 C에는 안전 수준을 적

 승자들은 80대 20의 법칙을 준수한다

용하지 않았다. 선반에 있는 한 아이템이 팔릴 때마다 재주문에 들어가기로 했다.

우리는 8주 수준에 근접하기 위해 그룹 A 아이템들에 대한 주문을 강화했다. 그리고 그룹 B와 C의 아이템들 주문을 줄였다. 한창 성수기가 끝났을 무렵에 우리는 예전에 들어가던 자본보다 11만 5천 달러를 절약하면서 재고 손실을 29만 달러에서 16만 5천 달러로 줄일 수 있었다. 거기에 고객 주문 만족 기록을 93%로 유지했다.

비즈니스 세계에서 우리가 종종 듣는 '어떤 고객도 무시할 수 없다. 고객은 모두가 왕이다.' 라는 말이다. 맞는 말이긴 하나 80대 20의 법칙을 적용하면 여기저기에서 상상을 초월하는 결과를 가져오기 때문에 결코 무시할 수 없다.

호랑이를 잡으려면 호랑이 굴로 가야 한다. 수천 곳에 달하는 기업의 상세한 부분까지 상담한 결과, 모든 비즈니스에는 80대 20의 법칙이 존재한다는 사실을 나는 망설임 없이 말할 수 있다.

패자들은 그런 사실에 직면하길 거부한다. 그것이 그들이 실패하는 이유다. 그러나 승자들은 실제로 벌어지고 있는 일에 직면하는 것을 두려워하지 않는다. 심지어 그것을 추적하기까지 한다. 그러한 승리의 태도는 그들에게 승리에 필요한 지식을 준다.

9

투자에 비해 이익이 없다면 과감히 접어라

THE GAME OF WORK

비즈니스 세계에서 가장 효과적인 평가 장치는 투자 수익률이다. 이는 자산수익률, 투자자본수익률, 재산수익률과 같이 여러 가지 방법으로 표현될 수 있다. 투자수익률은 당신의 특정한 재산으로 발생시킬 수 있는 수익성의 총량을 평가한다. 그것들은 재고, 인력, 돈, 부동산 또는 장비가 될 수도 있다.

우리 역시 전체적인 회사 수준을 이와 같은 방법으로 평가하고 있다. 우리는 매년 이 평가에 대한 결과를 보고 있다. 이것은 매년 보고서에 나타난다. 그리고 우리는 1/4분기마다 이것을 평가하기도 한다. 그러나 그보다 자주하는 경우는 드물다.

오락과 스포츠에는 유사한 점이 있다. 우리는 이 용어를 자원 대비 성과율, 또는 RRR로 나타낼 수 있다. 야구에서 타격 왕은 타격률에 의해 결정된다. 타석의 수(자원)와 안타의 수(성과)

의 관계다. 리그 리더의 RRR은 타율 300일 것이다. 어쩌면 375가 넘을 수도 있다. 이 평가 방법에 따르면, 역사상 가장 위대한 타자는 테드 윌리엄스(Ted Williams)다. 그는 전체 시즌 동안 타율 406을 기록했다. 배팅 평균은 RRR이다.

미식축구에서는 실질적으로 팀의 모든 선수들에 대한 RRR을 구할 수 있다. 공격수 코치들은 패스, 블로킹, 또는 러닝 블로킹을 통해 상대편을 효과적으로 막아낸 횟수에 따라 각 선수의 실적을 평가한다. 최전방 공격수에게 상대방 수비를 저지하도록 주어진 기회와 시도 횟수, 실제 저지에 성공한 횟수와 비교하면 RRR을 알 수 있다.

경기가 이루어지는 동안 수비수의 활동을 생각해보면, 그보다 훨씬 큰 수의 자원 대비 성과율을 얻을 수 있다. 수비수의 실적은 총 수비 횟수, 게임당 수비 횟수, 수비 혹은 게임당 뛴 거리, 100야드당 게임 횟수, 시즌당 뛴 거리에 의해서 평가된다. 사실 모든 스포츠 경기에서 모든 선수들의 자원 대비 성과율은 컴퓨터를 통해 평가되고, 시청자들은 TV를 통해서 그 결과를 하나의 멋진 그래픽 화면으로 보게 되는 것이다.

골프에서 수익은 가장 중요한 평가 기준이 된다. 우리는 모두 최고의 골퍼가 얼마나 많은 수익을 얻는지 알고 있다. 이것을 라운드당 평균 타수를 포함시킨 RRR의 개념으로 확장시켜 볼

수 있다. 페어웨이에서의 드라이브 횟수로 드라이빙 율을 구할
수 있고, 200야드 이내의 거리에서 성공한 어프로치의 개수로
어프로치 율을, 라운드당 퍼팅의 개수로 퍼팅 율을 구해낼 수 있
다. 비록 골프에서 성적 평가를 위한 최소 단위가 1타이더라도,
이러한 RRR은 100분의 1타에 따라서 달라지는 셈이다. 전문가
들은 지속적으로 적절한 타이밍에 게임의 모든 평가 요소들을
알 수 있다면, 승리를 거머쥘 수 있다고 말한다.

자원 대비 성과율은 또한 효과적인 비즈니스 관리에도 필수
적이다. 이는 주주와 경영진 사이의 열쇠가 되는 관계다. 우리는
스스로에게 두 가지 질문을 해야 한다. 도대체 이것이 필요한 이
유는 무엇인가? 왜 지금까지는 이 방법이 경영에 적용되지 못했
을까?

여기에는 두 가지 이유가 있다. 첫번째, 우리는 지금까지 비
즈니스 세계에서의 RRR에 대한 명확한 중요성을 잘 이해하지
못했다. 둘째로 우리는 이것들을 통합하는 기본적인 방식을 정
의내린 적이 없다. 관리자들은 이 일을 하도록 허락되지 않는다.
자, 그렇다면 RRR을 세우는 방법을 정해보자.

다음의 표에서 보듯이 수직선 한 개를 그어 종이를 두 부분
으로 나누자. 한쪽 윗부분에는 '자원'이라고 쓰고, 다른 쪽 윗부
분에는 '성과'라고 쓴다. 한 부하직원을 두고 있는 중소기업의

한 관리자를 예로 들자. 그는 기본적인 회계보고서, 임금대장, 지불계정, 외상매출금 등을 책임지고 있다. 우편물 분류자, 영업 사원, 또는 선반공을 예로 드는 것이 더 쉬울지는 모르지만 만약 우리가 관리자를 예로 들 수 있다면, 나머지는 식은죽 먹기일 것 이다.

이제 우리는 그녀의 자원이 무엇인지 생각해볼 필요가 있다. 다음의 단어들이 머릿속에 쉽게 떠오를 것이다. 시간, 부하직원, 노하우, 장비, 계산기, 컴퓨터, 잡다한 업무들, 그녀는 또한 영업 이나 제조, 또는 생산부서에게는 주어지지 않는, 경영진만이 차 지할 수 있는 공간의 자원을 갖고 있다.

여기서 우리는 스스로에게 한 가지 중대한 질문을 할 필요가 있다. 이 요소들을 어떻게 평가한단 말인가?

가장 쉬운 방법은 물론 시간별, 분별로 평가하는 것이다. 그 래서 '시간' 란의 밑에 나는 그녀가 일에 할당하는 시간의 총합 을 적었다. 주당 40시간, 보충하자면, 우리는 그녀가 생산적이

자원 대비 성과율

자 원	성 과
• 시간 　– 시 　– 분	

라고 느끼는 시간의 총량만을 계산할 필요가 있다. 그녀가 실질적으로 일하는 데 사용한 시간(한 기업가의 시간 자원을 평가하려 한다면, 그녀가 가족들과 함께 보낸 시간은 계산하지 않는 것이 좋을 것이다)이다.

이번에는 부하직원의 시간을 계산해보자. 다시 한 번 말하지만 이것은 적어도 두 가지 방법으로 평가될 수 있다. 한 가지는 사무실에서의 시간이다. 당신은 부하직원을 관찰하며 그가 부서에서 보낸 시간을 적을 수 있다. 이는 주당 40시간에 기초해서 한 달을 4.3주로 계산하거나 172시간 곱하기 그 부하직원에 할당된 직원들의 수를 적용하여 계산될 수 있다. 한 부서에 다섯 명이라고 한다면, 그는 800시간이 넘는 시간 더하기 관리자의 한 달 치의 시간을 가진 셈이다. 노동 자원을 평가하는 두번째 방법은 노동비의 달러에 있다. 우리는 지금 우리의 자원을 정의해볼 것이다.

자, 이번엔 기계 시간을 평가해보자. 이것은 달러당 또는 시간당으로 계산될 수 있다.

우리는 부하직원의 시간, 공간, 시간을 포함한 기업 또는 어떤 특정한 부서의 총 달러 비용에 기초한 총 예산을 살펴볼 수 있다. 관리자가 자원을 정의하려고 할 때 한 가지 매우 명확해지는 것이 있다. 대부분의 기업에서의 자원은 성과보다 더 정의내리기 쉽다. 바람직한 성과를 세우는 일은 평가에 의한 효과적인 경영의 필수요소다.

이번엔 도표의 오른쪽에 같은 방식으로 접근해보자. 당신은 관리자로부터 어떤 성과를 기대하는가? 만약 그녀의 이력서의 직업 설명란을 본다면, 또는 그녀가 대학에서 이수한 회계학 101학점으로부터 얻은 지식을 고려해본다면 당신은 다음과 같은 말을 떠올릴 수 있을 것이다. 경영진에게 조직의 업무를 효과적으로 수행하기 위해 적시에, 정확한 그리고 완벽한 재정 정보를 회사에 제공한다.

자, 이제 기대되는 각각의 성과를 나열해보자. 적시에, 정확한 그리고 완벽한 보고서, 이 각각의 성과들의 뒷부분에 이것들을 평가하는 방법을 적어보자. 만약 정확성을 평가하려 한다면 오류 요소의 비율을 볼 수도 있다. 만약 시간 요소를 살펴본다면, 보고서가 완성되기로 한 날짜로부터 실제로 제출된 날짜까지의 경과 시간을 볼 수 있다. 완벽성을 평가하고 싶다면 이전의 두 방법 중 하나를 사용할 수 있다.

자 원	성 과
• **시간** : 800명 분 시간 • **공간** : 1,500평방피트 • **장비** : 1개월당 7,000달러	

자 원	성 과
	• **적시에** : 보고서가 제출되기로 한 날짜와 실제 제출 날짜 사이의 차이 • **정확한** 　1. 잘못이나 실수를 범하기 전 정확하게 처리된 항목 수 　2. 보고서 한 건에 정확을 기하기 위해 준비했던 횟수 • **유익한** 　1. 회사 전체의 순이익 　2. 각 부서별로 창출된 순이익 또는 총이익

자, 이제는 가장 비싼 자원과 가장 가치 있는 성과가 무엇인지 확인한 후, 그것들이 통합될 수 있는지 살펴볼 것이다. 예를 들면, 우리는 이 관리자와 그녀의 부하직원을 살펴본 후 인력이 가장 비싼 자원이라는 결론에 도달할 수 있다. 그렇다면 도표의 왼쪽에 밑줄을 긋자. 이번에는 성과 난으로 가서 스스로에게 같은 질문을 던져보자. 우리가 기대하는 가장 가치 있는 성과는 무엇인가? 비록 관리자가 그것을 모두 통제할 수는 없지만, 수익이 우리가 기대하는 가장 중요한 성과라는 것을 알 수 있을 것이다. 그 후 모든 부서에서 사용되는 시간당 순이익의 초기 비율을 산출해볼 수 있다. 모든 부서의 시간당 순이익, 이것이 우리의 자원 대비 성과율이다.

자 원	성 과
인력	적시에
공간	정확한
장비	유익한

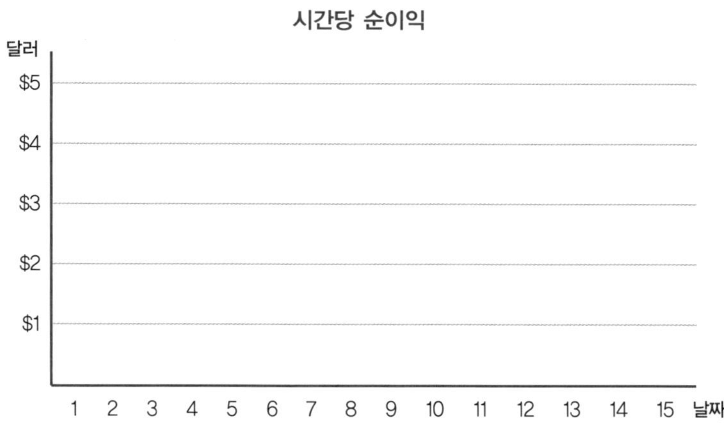

당신이 누군가의 생산성이나 결과를 평가할 수 있는 새로운 RRR을 생각해낸다면, 다음 질문들을 피할 수 없을 것이다. 이것이 의미하는 바는 무엇인가? 이것들을 살펴본 후 무엇을 말하려는지 이해했다 하더라도, 이것이 의미하는 바는 무엇인가? 이것들이 정말 평가할 가치가 있는 것들인가? 예전에는 이렇게 해본 적이 한 번도 없지 않은가?

평가란 무엇인가? 평가해서 달라지는 것은 무엇인가? 우리

	1	2	3	4	5
수익 증가	31%	27%	15%	11%	5%
임금 인상	9%	11%	14%	17%	18%
순수익 소비된 달러당 생산성	22%	18%	1%	(6%)	(14%)

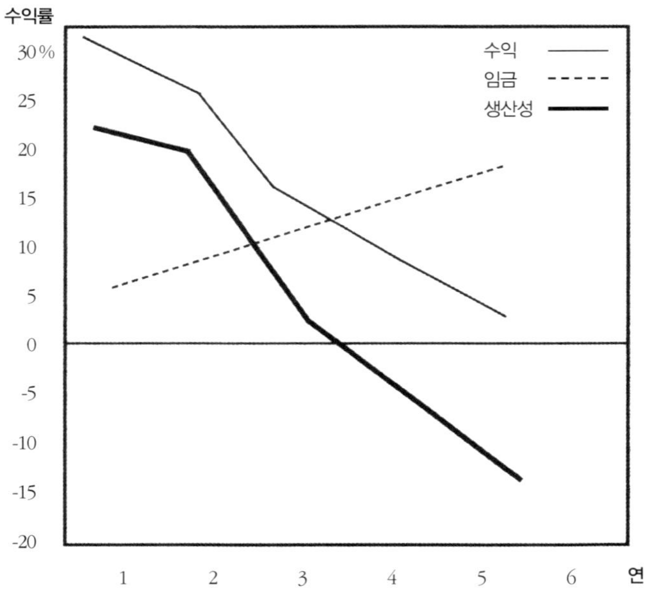

는 관리자로서 가장 우선시되어야 할 자질은 팀 내의 불확실성
을 줄이는 것이라는 것을 알고 있다. 새로운 개념에는 언제나 저
항이 따르기 마련이다. 만약 우리가 일반직원들에게 그 정보에
노출하기 전에 자료를 철저히 분석하고 조사해서 그 자료들을

과거의 데이터와 비교할 수 있는 친숙한 용어로 변환할 수 있다면, 우리는 그들의 두려움을 줄이고 새로운 평가방법이 의미하는 것이 무엇인지에 대한 재빠른 이해를 도울 수 있을 것이다.

예를 들면, 내 고객 중 한 명이 최근 과거의 기록을 살펴서 지난 5년 동안의 부하직원의 시간당 순이익에 대해 평가해본 적이 있다. 그는 다음 장에서도 나타나듯이 해를 거듭할수록 비율에 있어 커다란 변화를 감지했다.

이 자료 추적에서도 보듯이, 이 최고 경영자는 인력 자원부서 부장에게 의견, 관찰, 판단과는 상관없는, 자원 대비 성과율에 따른 인력 모집 계획서를 제출하라고 지시했다.

여기서 가장 중요한 것은 기업의 철학이나 의도를 정확히 반영하는 RRR을 얻어내는 것이다. 예를 들어 전형적인 성장, 발전 가도에 있는 기업이 회계부서에 처음으로 컴퓨터와 인력을 배치한 직후, 그 부서의 총 지출과 판매 사이의 관계는 하강곡선을 그릴 것이다. 회사가 성장하기 시작할수록 그 과정은 관례가 될 것이다. 결국엔 주문이 두 배로 늘어도 걸리는 시간에는 거의 변화가 없다. 부 관리자는 단 한 명이면 충분하다. 회사는 낮은 급여의 인력으로 남는 자리를 채우고 싶어 할 것이다. 또 시간당 평균 비율은 시간의 경과와 더불어 감소할 것이다. 그래서 시간에 대한 판매율은 시간이 지남에 따라 올라갈 것으로 예상된다.

만약 당신이 10년이 넘게 어떤 회사를 추적한다면 경영에 의한 평가 없이도 사실 그 비용들은 감소하지 않고 증가한다는 사실을 발견할 수 있을 것이다. 그리고 판매가격을 증가시키기 위해 경영자의 시간당 판매율은 인플레이션의 압력에도 불구하고 시간이 지날수록 감소한다. 대부분의 경우에 우리는 오늘날 10년 전보다 더 많은 인력으로 더 적은 일을 하고 있다.

컴퓨터를 절대적으로 필요로 하면서부터―이 물건이 일의 소요시간을 줄이고 제 값을 넘어서 기업에 공헌하면서―도표의 자원 부분에 새로운 자원의 비용을 첨가할 때 엄청난 절약이 따르리라는 점을 알 수 있다.

나를 무자비한 보수주의자로 고소하기 전에, 내가 당신의 비즈니스에 방향을 정해주는 일은 내 목적이 아니라는 점을 확실히 하고 싶다. 당신이 판매율로서 경영비용을 증가시키고 싶다면 그것은 당신의 비즈니스이고 당신의 권리이다. 내 요점은 당신이 실제로 이기는지 지는지 알려면 실제로 어떤 일이 벌어지고 있는지 알아야 한다는 점이다. 경영진은 부하직원들이나 관리자들에게 실제로 그들이 이기는지 지는지 알게 하기 위해 실질적이고 명확한 기대를 해야 한다. RRR의 목적이 바로 그 일을 하는 것이다.

RRR의 개념에 포함된 것은 당이다. 사람이 일하는 시간당 판매율, 경기당 야드, 캐리(Carry)당 야드, 이러한 당은 성과 대비 자원 사이의 관계를 말한다.

모든 프로들은 당을 갖고 있고, 내 조직의 모든 직원들은 그것을 갖고 있다. 당신의 모든 부하직원들도 마찬가지로 이것을 갖고 싶어 할 것이다.

여기서 주의할 점이 있다. 평가는 때때로 징벌의 개념으로 여겨져서 조심스럽게 접근되어져야 한다. 그리고 이것은 부하직원들에게 혜택으로 받아들여져야 한다.

영업사원들이 문제에 봉착하면, 그들은 코치와 더 자주 통화해야 한다. 기업이 재정적 문제를 갖고 있다면 문제가 해결될 때까지 명확하게 자주 계산해주는 회계 감사원을 불러야 한다. 일단 문제가 일단 해결되고 나면 대부분의 사람들이 그들에게 도움이 되었던 평가와 피드백의 힘을 다시 잃어버린다. 코치나 회계사는 문제만 해결되면 곧장 떠나버린다. 그러면 우리는 문제가 있었을 때 구했던 자문이나 피드백을 이제는 덜 찾게 된다. 그러고는 그 감사원들이 다시 돌아올 것이라는 것을 알기 때문에, 형편이 다시 나빠지기 전까지는 그럭저럭 해나가야 한다고 느낀다.

그 측정을 어떻게 신뢰할 수 있는가? 어떻게 내부로 잠입해 들어가 그 스위치를 켤 수 있는가? 동기를 다루는 장에서 나는 그것에 대해 더 자세히 설명할 것이다. 그러나 일단은 더 많은 개입을 필요로 한다는 것이 사실이라는 점만 말해두겠다.

이전에 역사적 관점의 이점에 대해 언급한 적이 있다. 미수금 계정에 대해 예를 들어보자. 예전의 기록들을 살피며 미납된 판매 날짜들의 패턴을 보여주는 36개월 시간 그래프를 만들어보자.

만약 그 도표가 부하직원들에 의해 만들어지고 처리된다면 당신은 그들에게 공식을 하나 가르쳐주는 것이다. 그들이 지난 18개월로 거슬러 올라가 스스로의 실적에 대해 계산을 하고 도표로 만들면 스스로에 대한 평가는 실질적인 것이 된다. 그 도표가 다른 누군가에 의해 작성되어 그들이 보는 것보다 훨씬 더 나은 효과가 있다. 그들에게 그 정보에 대해서 조사하게 하는 것이 다른 누군가가 도표를 작성하는 것보다 훨씬 효과적일 것이다. 만약 당신이 어떤 사실을 이해하고 싶다면 스스로 그것을 하도록 하라. 만지고 도표로 만들고 연구하라. 경영 평가 프로그램에 대한 스스로의 자기 경영은 그 과정에 신뢰를 불러일으키는 최상의 방법이다.

만약 당신에게 저항하는 부하직원이 있다면, 또는 당신의 힘이 크게 작용하지 못하는 조직에서 동료 직원에게 영향을 끼치고 싶다면 예전 기록에 기초해 도표를 만들고 그것을 그 실적에

 투자에 비해 이익이 없다면 과감히 접어라

대해 책임이 있는 다른 이들과 함께 살펴보라. 당신이 만약 행동의 변화를 기대하고 있다면, 이것은 그들에게 당신이 말하고자 하는 바를 더 명확히 해줄 것이다.

만약 사람들이 그들의 실적에 대해 점수가 매겨진다는 사실을 호기심에서라도, 또는 재미로라도 받아들이게 된다면 당신은 성공한 것이다. 만약 당신이 동기부여의 대화를 통해 당신 생각에서 '왜'라는 의문점을 그들에게도 심어줄 수 있다면, 그리고 그들의 참여의 중요성을 일깨울 수 있다면 그 신뢰는 최대한 오래 지속될 것이다. RRR이 받아들여지고 상품화된 것이다.

경영 평가 시스템을 효과적으로 적용하기 위해서는 한 가지 중요한 것이 있다. 지도자는 솔선수범하여 지도력을 보여줘야 한다는 사실이다. 당신의 부하직원들에게 이 개념을 심어주거나 이 책을 누군가에게 건네서 그들이 잘하길 기대하기 전에 당신의 분야를 한번 잘 살펴보라. 그리고 당신의 RRR이 무엇인지 알아보라. 몇 가지 리스트를 몇 페이지에 걸쳐 작성해보라. 다양한 통합을 발견하라. 가장 비싼 자원과 가장 바람직한 성과를 살펴보라. 그것은 다음과 같은 몇 가지 예가 될 수 있다.

하루 동안 미소 짓는 횟수, 부하직원의 노동시간당 거래의 횟수, 보유한 재고가 판매된 날들 수, 계산서가 미납된 날들 수, 자금을 예치해둔 곳의 월별 평균 계산서 발행 날들 수, 성공적인

미수금 계정이 미지급된 날짜 횟수 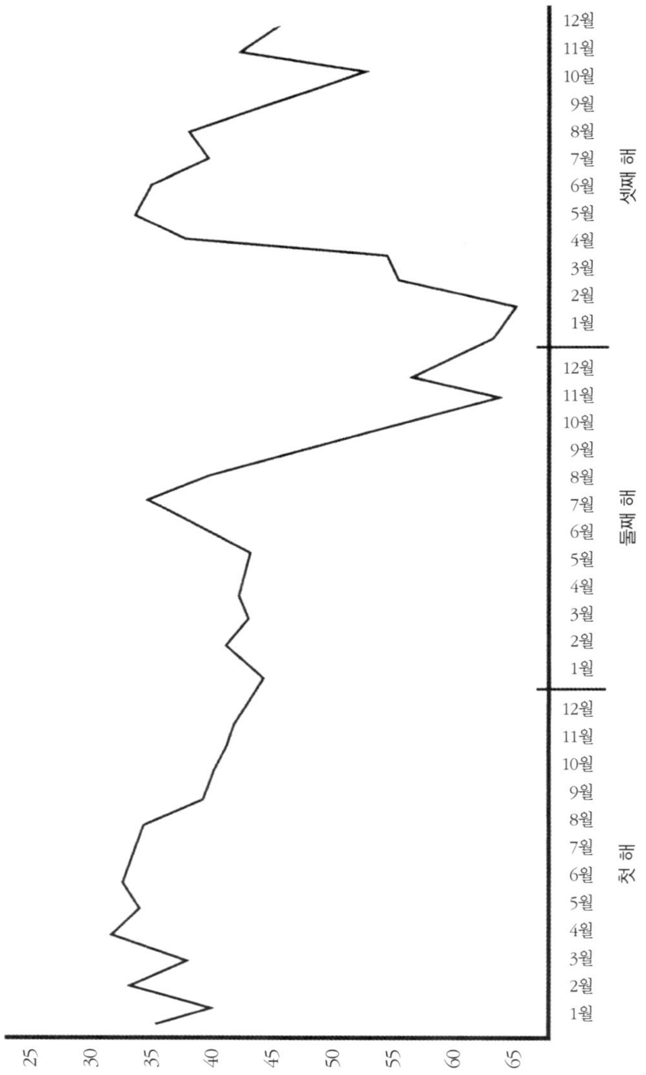
25
30
35
40
45
50
55
60
65
1월
2월
3월
4월
5월
6월
7월
8월
9월
10월
11월
12월
첫 해
둘째 해
셋째 해
미수금 계정이 미지급된 날짜 횟수

거래를 이끌어내기까지의 통화건 수, 판매가 이루어지기까지의 프레젠테이션 수 등 리스트는 계속될 수 있다. 당신 자신에 대해 철저한 평가를 내려라. 그 평가를 훤히 꿰뚫어보라. 그것에 개입하여 흥미를 느끼면 당신 스스로가 우리가 그토록 원하던 코치나 리더나 팀의 캡틴이 될 수 있음을 발견할 것이다.

한 번의 시도만으로 완벽한 평가를 할 수 없을지도 모른다. 그러나 일단 시작하면, 그것을 시도하여 스스로의 성과를 가까이 들여다볼 수 있는 용기를 갖게 되면 당신은 성과를 올리는 데 있어서 다른 이들보다 더욱 유능해질 것이다.

10

진정한 승자를 먼저 선점하라

THE GAME OF WORK

매년 미국 프로 미식축구 드래프트(NFL draft)가 시작하기 전, 각 팀들은 수많은 자료들을 연구해야만 한다. 수년 간의 대학 통계들, 고등학교로까지 거슬러 올라가는 스카우트 기록들, 그들은 이 숫자 자료에 대응하기 위해 수많은 선수 관찰 기록 자료들을 준비한다.

비즈니스 세계에서는 승자를 고르는 데 유용한 정보들이 없다. 샤킬 오닐(Shaquille O' Neal)을 몇백만 달러를 지불해 스카우트해오는 것은 쉽다. 그러나 18살짜리 고등학교 졸업반을 데려다 몇 년 뒤 그가 스타 선수가 되리라는 기대하에 많은 돈을 투자하기란 어렵다. 이와 마찬가지로 비즈니스 세계에서 우리는 거의 모르다시피하는 사람들을 인터뷰하고 고용한다. 게다가 우리는 그들을 발견하고 잠재된 가능성을 회사에 유용한 가치로 바꿔야 할 책임까지 지고 있다.

그렇다면 어떻게 해야 할까? 방법은 의뢰로 간단하다. 숫자들을 살펴보는 것이다. 지원 분야와 유사한 상황에서의 후보자들의 자취, 그리고 가장 중요한 것은 그들이 '자신에게 점수가 매겨지고, 자신의 실적이 판단되기를 원하는 의지를 가지고 있느냐' 이다.

스포츠 세계에서는 늘 숫자를 체크한다. 야구팀에서 투수를 타자로, 또는 야수를 포수로 바꿀 때 선수들의 인간성이나 '누구와 고등학교를 함께 다녔는가' 하는 사실은 고려되지 않는다. 그들은 단지 실적, 통계로서만 판단된다. 승자를 뽑는 데 있어 가장 중요한 열쇠는 승리를 다뤘던 장에서 기록된 요소들에 가능한 한 가까이 접근하는 것이다. 만약 당신이 숫자를 얻을 수 없는 경우라면 그들의 가슴을 살펴라. 자, 어떻게 해야 할까?

첫째로 승자들은 스스로를 믿고 지난날의 성과와 미래의 과제 사이의 관계를 본다. 만약 미래의 과제가 확실하게 정의되어 있지 않은 경우라면 그들은 그렇게 할 수 없다. 지난날의 성공에 대한 좋은 느낌이 새로운 과제에 그대로 전달되는 것이다.

유능한 경영자는 신입사원이 스스로에 대해 알고 있는 범위 너머의 자질을 발견한다. 슈퍼볼 대학선수권대회 우승팀의 한 코치는 이렇게 말한 적이 있다.

"모든 코치 행위는 선수가 스스로의 힘으로 닿을 수 없는 곳에 그들을 데려가는 것이다."

일반적으로 승자가 될 가능성이 있는 사람들은 과거의 성공과 새로운 과제 사이에 직접적인 연관성을 갖고 있다. 당신은 그 새로운 과제와 관련해서 성공한 경험이 있는 누군가를 원할 것이다.

둘째로 승자는 팀의 방향에 대한 신뢰를 갖고 있다. 그들은 회사의 목표와 스스로의 개인적 목표 사이의 직접적인 상관관계를 본다. 스포츠계에서의 승자는 훈련에는 수많은 시간이 들고 승리가 가져다주는 영광은 잠깐이라는 사실을 알면서도, 그 승리의 가치를 이해하는 선수들이다.

셋째로 당신은 능력 있는 코치를 찾고 있다. 모든 유능한 승자들은 그 배경에 코치를 두고 있다. 승자들은 좋은 코치는 그들의 능력을 뛰어넘는 지식과 정보를 갖고 있다는 사실을 알고 있다. 그리고 그들은 코치의 지도를 받을 마음의 자세를 가지고 있으며 다른 이들의 유력한 지도를 받아들일 자세가 되어 있다. 그리고 보면 위대한 이들은 모두 좋은 스승을 갖고 있다. 미시건 주립대학의 탈의실 한쪽 벽면에는 다음과 같은 문구가 적혀 있다.

좋음과 위대함의 다른 점은 '작은' 노력의 차이다.

이때 '작은'이라는 단어가 강조되어 있는 것을 볼 수 있다.

스포츠에서의 보상은 승자와 2등 사이의 '작은 차이'를 정확히 반영하지는 않는다.

1995년 PGA 골프 투어(PGA Golf Tour)에서 그렉 노먼(Greg Norman)은 평균 69.06타의 기록으로 165만 5천 달러를 차지하며 가장 많은 상금을 획득하게 되었다. 그 해 비제이 싱(Vijay Singh)은 9위를 차지했는데, 평균 69.92타로 110만 8천 달러를 획득했다. 노먼은 한 경기에서 1타 이하의 더 나은 성적으로 비제이 싱보다 50%나 더 많은 상금을 획득했다.

매년 PGA 골프 투어에서 승자들은 총수입에 의해 순위가 매겨진다. 2004년 어니 엘스(Ernie Els)는 총 578만 7천225달러를 벌며 2등을 기록했다. 같은 수의 토너먼트, 똑같은 장비로 경기한 톰 레먼(Tom Lehman)은 134만 3천277달러를 벌어들였다.

엘스와 레먼 사이의 차이점은 무엇일까? 한 사람이 다른 한 사람보다 약 450만 달러를 더 벌었다. 그러나 그들의 실적에 있어 다른 점은 무엇인가? 엘스의 실력이 진정 레먼보다 더 뛰어난가?

PGA는 모든 선수의 라운드당 평균 타석을 추적해보았다. 마지막 통계가 보여주는 바에 따르면 어니 엘스는 578만 7천225달러를 벌며 그가 경기한 매 18홀마다 평균 69.69타를 기록했다. 레먼은 평균 69.97타를 기록했다. 그렇다! 한 타석의 100분의 28이 톰으로부터 444만 3천948달러를 앗아간 것이다. 18홀에서 한 타석의 100분의 28이 작은 노력의 차이를 만들고 좋음과 위대함의 차이를 만드는 것이다.

2005년 지미 존슨(Jimmy Johnson)은 세 번 연속 코카콜라가 주관하는 600 나스카 경주(Nascar Race)에서 자동차 한 대보다도 짧은 길이로, 또한 100분의 1초가 채 안 되는 기록차로 보비 라본테(Bobby Labonte)를 제치고 승리를 거머쥐었다. 하지만 지난 2년간 2등으로 들어온 이의 이름을 기억하는 사람은 아무도 없다. 매년 1천600마일 경주에서 각 36명의 승자들은 한 바퀴의 4분의 1 이하의 차이로 승리한다. 그러나 한 바퀴의 4분의 1의 차이는 실적의 2천 분의 1의 차이로 나타난다.

1988년, 1992년, 1994년의 동계 올림픽에서 훌륭한 여자 스피드 스케이터인 보니 블레어(Bonnie Blair)는 100분의 56초 차이로 세 번 연속 금메달을 획득했다.

이번엔 2등으로 들어온 선수들을 살펴보자. 1972년으로 거슬러 올라가 뮌헨 올림픽에서 일곱 개의 금메달을 딴 마크 스피츠(Mark Spitz)를 기억하는가? 그가 남긴 기록은 역사상 아마추어 선수로서는 가장 뛰어난 실적으로 남아 있다. 많은 이들이 이 기록은 절대 깨지지 않을 것이라고 생각한다. 마크 스피츠에게 세계적인 명성과 관심을 안겨주기도 한, 2등 선수와의 큰 기록 차이는 2초가 조금 안 되는 시간이었다. 당신은 스피츠 다음으로 들어온 선수 중 어느 하나라도 기억할 수 있는가? 좋음과 위대함을 다르게 하는 것은 작은 차이라는 점이 분명하다.

어펌드(Affirmed)와 알리다(Alydar) 사이의 그 유명한 1978년 벨몬트 주에서 벌어진 경마는 너무 막상막하여서 심판이 어펌드의 승리를 결정하는 데만 무려 20분을 소비했다. 승리한 경주마는 트리플 크라운을 달성한 역사상 열한번째 말이었다. 승리한 경주마와 패배한 경주마가 받은 보수와 명성의 차이는 계산할 수 없을 정도다. 그리고 이것은 노력을 요하는 모든 분야에서도 마찬가지이고, 심지어 당신이 일하는 회사에도 마찬가지다.

당신의 조직 내에서 승자들을 양성하길 바라고 승리하는 환경을 만들려고 한다면 야구계에서의 승자와 패자의 차이점에 대해 생각해보라. 타율이 2할 정도인 타자들은 감독에 의해 양말 갈아 신듯이 이적된다. 켄 그리피 주니어(Ken Griffey, JR)와 같이 타율 3할이 넘는 타자들은 흔치 않아서 만약 그가 감독과 싸운다면 누가 그만두어야 하는지는 불 보듯 뻔하다.

타율 3할 타자와 타율 2할 타자간의 다른 점을 계산해보면 투수와 열 번 상대하여 안타를 하나 더 치느냐 마느냐의 문제다. 그 약간의 탁월함을 갖춘 가능성 있는 부하직원을 찾을 수 있어야 한다.

유능한 잠재력을 가진 부하직원을 인터뷰하는 방법에 대한 몇 가지 훌륭한 책이 있다. 그 방대한 양의 지식을 몇 줄로 요약하려는 시도는 하지 않겠다. 그러나 인터뷰 과정은 코치와 선수 관계의 시작이라는 점을 강조하고 싶다. 위대한 코치들은 끊임없이 불확실성을 최소화하려는 사람들이다. 그리고 그것은 당신이 만들어낸 조직 내의 인터뷰 과정에서부터 시작된다.

많은 비즈니스 관리자들은 부하직원을 뽑는 인터뷰 자리에서 현장에서의 활동을 정한다는 것이 무엇을 의미하는지 전혀 개념이 없다. 그들은 새로운 사람의 이력서를 훑는 일과 같이 의미 없는 관례만 되풀이할 뿐이다. 즉 "포드에서 일한 경력이 있군요? 요즘 어떻습니까? 클레이톤 밸리 고교를 나왔군요. 카일라 넬슨을 아시나요? 내 기억이 맞는다면 같은 01학번 동기였을 텐데."라고 말하고 있었다.

얼마나 많은 비즈니스 관리자들이, 지원자들이 작성한 그 이력서의 내용을 지원자들이 아는지 모르는지, 또는 거짓말하는지 아닌지를 확인하기 위해 그들에게 다시 읽어주고 있는가.

우리 회사에서는 현장 활동에 관한 인터뷰가 다음과 같이 이루어진다.

내가 말했다.

"조안, 내가 해야만 할 일이 있네. 나는 자네가 적어도 5일에 한 번은 마감 시간에 우리의 CEO 앞에 최소한 회사 임원 한 사람을 데려올 수 있다면, 우리 회사의 영업사원이 될 수 있는 자격을 갖고 있다고 생각하네. 거기서 우리는 자네를 평가할 걸세. 우리 회사에는 '마감 프레젠테이션 사이의 시간'이라고 부르는 것이 있네. 우리가 이를 어떻게 추적하는지 알려주겠네. 자네의 첫번째 목표는 직접 나가서 한 사람을 데려오는 것일세. 1주일이 걸릴지 한 달이 걸릴지는 모르지만 한 사람을 데려와야 한다는 것은 확실하네. 두번째 목표는 두번째 사람을 데려오는 것인데, 이는 첫번째보다 짧은 시간이 걸려야 하네. 자네의 세번째 목표는 앞의 두 시도에 걸렸던 평균 시간보다 더 짧은 시간 내에 데려오는 걸세. 네번째는 계속해서 자네의 평균 기록을 깨는 걸세."

나는 지금까지 이런 변형된 인터뷰를 많은 회사들이 적용할 수 있도록 도움을 줘왔다. 영업사원들이 이보다 생산적으로 일할 수 있는 다른 방법은 없을 것이라고 나는 생각한다. 그들에게 거는 기대에 대해 설명한 후에 나는 영업사원들에게 다음 장에 나오는 방법과 유사한 형식으로 자신의 실적을 도표로 만들라고 지시한다.

그러고는 지원자들에게 다른 부하직원들이 만든 도표 중 가장 잘 만든 것과 가장 못 만든 것을 함께 보여준다. 그 후 영업의 최일선에서 일할 의지가 있는지 묻는다.

나는 그들의 인간성, 매력, 외모, 성별, 인종, 포드에서 어떤 실적을 올렸는지, 고교는 누구와 함께 다녔는지 등과는 상관없이 그들의 실적은 지침 안에서 얼마나 일을 잘 수행하느냐에 따라서만 평가될 것이라는 점을 확실히 한다.

그러고는 그들이 그 약속을 어떻게 잡을 수 있었는지에 대한 세부사항으로 들어간다. 매일 최소한 한 건의 개회 프레젠테이션을 얻기까지 얼마나 많은 접촉이 있었는지, 이전 부하직원들은 어떻게 일을 수행했는지, 가장 최고의 성과를 올린 것을 위주로 보여주며 설명한다.

이 과정이 끝나면 지원자들은 활동 분야, 스스로의 실적을 평가하는 방법, 실적을 기록한 책에 대해 명확하게 마음속으로 그려볼 수 있다. 그리고 그로 인해 정확히 무엇을 목표로 해야 하는지 알게 되고, 내가 기대하는 바가 무엇인지 뚜렷하게 이해하게 된다.

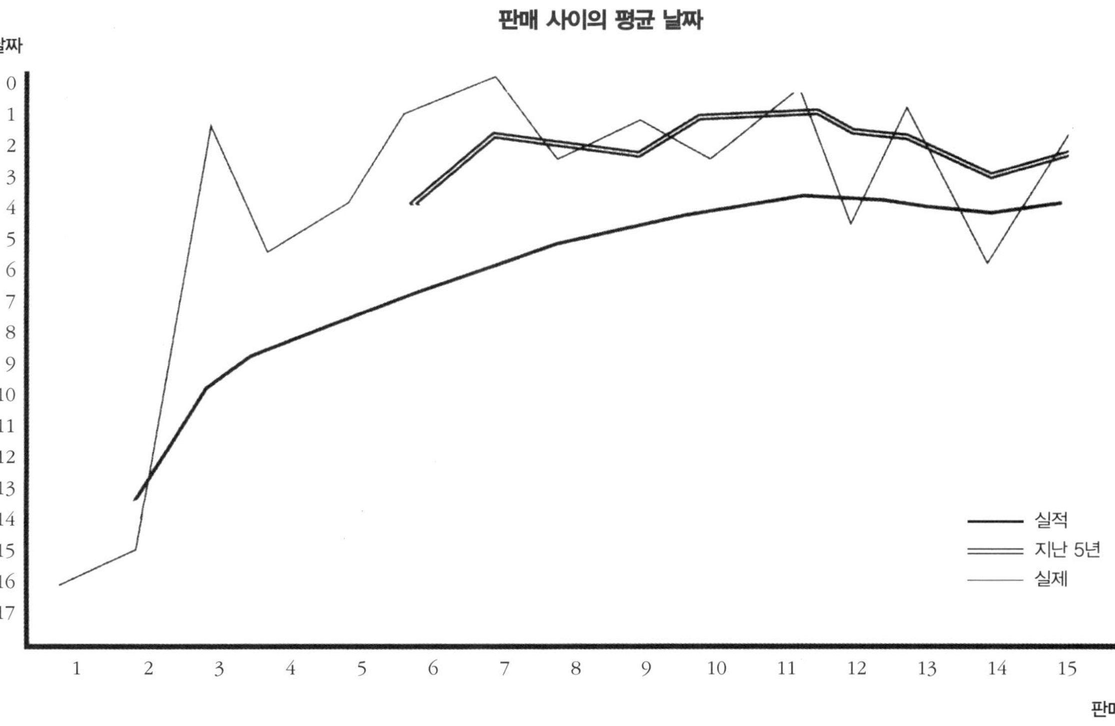
판매 사이의 평균 날짜
날짜
판매
실적
지난 5년
실제

이 인터뷰의 마지막 부분에서는 지원자들의 과거 성공했던 경험, 우리 회사의 방향에 대한 그들의 신뢰, 그들이 배우고자 하고 성장하고자 하고, 지도받고자 하는 의지를 평가한다. 이 기준들이 우리가 요구하는 것과 맞아 떨어지면 우리는 팀의 구성원이 될 소중한 후보자를 얻게 되는 것이다. 이것이 스포츠계에서 행해지는 방식이고, 모든 비즈니스계에 적용되어야 하는 방식이다.

스포츠계에서 선수들을 추려내는 과정은 그들의 실적에 기초하지만 그것은 또한 계획적 구식화(제품이 계획적으로 곧 구식이 되게 하는 일), 계획된 고용초과, 그리고 인간이라는 동물의 예측불허성을 고려한 계획된 준비하에 이루어진다. 모든 프로야구팀들이 각 팀당 52명의 선수들을 보유하고 있다는 사실을 고려해보자. 또는 미식축구(NFL)는 리그 등록 명부에 1천500명의 선수들을 넘게 보유하고 있는데, 그러고도 매년 리그는 업계의 부가적 성장을 고려해 대체 가능한 후보를 구성하기 위해 400명의 또 다른 선수들을 뽑는다. 또 리그는 400명 외에 75명의 신입 선수와 자유 계약 선수를 추가하기 위한 준비를 한다. 그것이 약 5%의 계획된 연간 회전율이다.

그들은 부상당한 선수를 동정하지 않는다. 그리고 선수들의 새 계약, 또는 선수들이 경쟁사나 캐나다 축구 리그(Canadian

Football League)로부터 받는 제안에 대해 신경 쓰지 않는다. 그들은 그런 것보다는 회전율의 경험에 기초하여 고용 초과를 택한다. 최근의 통계는 연초에 계약서에 사인한 모든 프로 야구선수의 99%가 메이저 리그 경기에 한 번도 참가한 적이 없다는 사실을 보여준다. 자연에도 생존법칙이 있다.

레지 부시(Reggie Bush)가 뉴올리언스 세인츠(New Orleans Saints) 구단에 들어갔을 때, 아마도 코치는 그에게 이런 말을 했을 것이다.

"레지, 이것이 우리가 자네에게 기대하는 것일세. 자네는 한 경기당 20회에서 30회 정도 공을 가지고 달려야 하네. 그리고 한 번 달릴 때마다 평균 5야드쯤 달려야 할 거야. 또 많은 상대선수들을 유인하고 막아내야 하고 되도록 많은 패스 기회를 얻어내며, 상황이 여의치 않은 경우에는 벤치에 앉아 기다릴 수 있어야 하네. 내 말에 이의가 있는가?"

레지는 다음과 같이 대답했을 것이다.

"음, 대학교에서는 그렇게 해본 적이 없는데요. 저는 스크린 패스 이외에는 어떤 것도 막거나 잡을 필요는 없다고 생각해요. 그리고 의자에 앉아 있기도 싫고요. 그리고 러닝백 중의 한 명과 얘기해봤는데 당신이 제게 거는 기대는 현실적이지 못한 것 같군요.”

그와 같은 대답을 듣고, 코치는 레지에게 이렇게 말했을 것이다.

“그렇다면 좋아. 자네에겐 서른한 가지 중 한 가지를 결정할 선택권이 있고, 결정을 내리는 건 자네 몫이니까.”

“그게 뭔데요?”

“프로 미식축구 서른한 개 팀 중에서 내년에는 어디로 가고 싶은가?”

당신이 고용자에서 코치하는 단계로 넘어갈 때, 전문성에 대한 책임을 항상 지니고 있어야 한다. 나는 부하직원의 실적에 대해 실망을 표하며 언제 그들이 회사를 떠날까만 기대하는 최고 경영자들이 생각보다 많다는 점에 대해 놀랐다. 그렇다고 그 경영자들은 부하직원이나 그들을 대체할 직원들을 훈련시킬 생각조차 하지 않고 있다. 그들은 불만족스러운 실적을 보이는 부하직원에 대해 리더의 권위를 포기한 것이나 다름없다. 이는 바람직하지 못한 상황만을 반복시킬 뿐이다.

최고 경영자들이 알아야 할 또 한 가지 사실은 어떤 경험에서의 기쁨이나 만족은 경영자들이 거는 기대를 참가자들이 충족시키느냐에 달려 있다는 점이다. 그렇기 때문에 가능한 한 빨리 부하직원에 대한 명확한 기대를 갖고 있는 것은 아주 중요하다.

여기서 가능한 한 빨리라는 말은 첫 출근날이 되거나 그보다 더 빠르게는 고용 과정을 결정했을 당시를 말한다.

활동 분야에 대한 명확한 인식 없이는 운동선수나 회사원 모두 길을 잃기 쉽다. 새로운 부하직원이 함께하게 되었을 때 주로 어떤 상황이 발생할까?

우리는 첫날 아침 그를 불러 이렇게 말한다.

"일은 할 만한가요?"

우리는 신입사원을 책상에 앉혀놓고 그를 위해 평범한 다른 부하직원에게 활동 분야에 대한 설명을 부탁한다(종종 왜곡된 설명을 하기도 한다).

일반적으로 당신이 신입사원을 고용했을 때 처음 휴식시간 전까지 그들의 주의는 온통 당신과 회사에 쏠려 있다. 그들은 정장을 말끔히 차려 입고 아침 8시에 출근한다. 그들은 당신을 사장님이라고 부르며 회사를 위해 몸 바쳐 일할 준비가 되어 있다. 그러나 휴식시간에 어떤 일이 발생하는가? 그들은 회사에 오래 몸담아 왔고 활동 분야에 대해 혼란스럽고 왜곡된 이미지를 갖고 있는 다른 사원을 만나게 된다.

휴식시간이 끝나면 그 신입사원은 타이를 풀어 헤치고 소맷자락을 말아 올린 채 사무실 안으로 돌아오며 이렇게 말할 것이다.

“이봐, 형씨, 무슨 일 있어?”

수많은 최고 경영자들이 지도력의 권한을 다른 사람들에게 떠넘기며, 코치의 역할을 포기한다. 그러고는 남은 감독시간을 권위의 경계를 모호하게 만드는 다른 회사원들과 함께 보낸다.

당신이 신입사원을 고용하려 할 때, 처음 48시간 동안 그들을 철저히 주시해보라. 모든 회의 자리에 그들을 참석시켜라. 점심을 그들과 함께 하라. 화장실도 혼자 가게 하지 말라. 첫인상이 중요하다. 신입사원들이 회사에 들어온 바로 첫 순간부터 활동 분야에 대한 명확한 이해를 갖게 하라. 이것은 후에 일어날 많은 문제들을 막아줄 것이고 심지어 그 신입사원의 성공과 실패를 가름할 수도 있다.

많은 최고 경영자들은 사원들이 조직에 어떻게 반응하는지, 그리고 마음속으로 어떻게 그 조직을 평가하는지 잘 모르고 있다. 한 신입사원이 새로 들어왔을 때, 최고 경영자는 그로부터 존경과 적당한 대우를 받으며 운전석에 앉는다. 존경은 당신의 기대가 충족되는 한 지속된다. 그가 당신이 거는 기대를 이해하고 확실히 정의할 수 있어야만 하는 것이다.

프로든 아마추어든, 또는 남자선수든 여자선수든 정확한 ‘코치–선수’ 관계의 필요성은 모든 훈련 캠프장에서 잘 나타난다. 좋은 코치가 처음으로 해야 할 일은 그가 이끌 팀 멤버들 앞에서 자신의 권위를 확실히 하는 것이다. 그것은 주로 길의 규칙(the rules of the road)에서 시작되는데 그것은 코치가 팀에게 기대하는 행동에서 받아들여지는 것과 받아들여질 수 없는 것을 목록으로 만든 것이다.

이것이 중요한 이유는 무엇일까? 이렇게 함으로써 코치는 그가 팀 멤버들을 훈련시키는 데에만 전념할 수 있기 때문이다. 만약 코치가 그러한 지침들과 선수들의 승리를 위한 구체적인 목표를 확립하지 않았다면, 그 오리엔테이션은 실패한 것이 되고, 그 회사는 기초를 충분히 다지지 못한 것에 대한 대가를 끊임없이 치러야 할 것이다.

11

승리를 넘어 위대함으로 이끌어라

THE GAME OF WORK

동기부여란 무엇인가? 전진, 자극, 열망, 동력, 은행의 신용과 같이 당신에게 없는 것을 당신이 필요로 하는 것이다. 동기를 위해 매년 몇십 조 달러가 쓰인다. 모든 핀, 훈장, 상, 상금 그리고 모든 재킷과 코트에 대해서도 생각해보라. 빨강, 파랑, 하양, 검정 그리고 금색…….

동기부여란 무엇인가? 이 단어를 반으로 쪼갠다면 첫번째 단어는 '동기' 이다. 그리고 두번째 단어에 한 글자만 더 추가하면 '행동' 이 된다. 동기부여는 행동을 위한 동기이다. 어떤 일을 해야 하는 이유다.

동기부여는 항상 존재한다. 그것은 좋을 수도, 나쁠 수도, 도덕성이 없을 수도 있지만 항상 일어나고 있거나 일어나지 않고 있다. 그것은 당신이 박스째로 사서 병째로 선반 위에 올려놓을 수 없는 것이다.

동기부여가 안 된 사람은 없다. 지난 24시간 무언가를 마신 적이 있는가? 그렇다면 당신은 갈증에 의해 동기부여되어 그렇게 했을 것이다. 지난 24시간 동안 잠을 잤는가? 그렇다면 당신은 피곤함에 동기부여되어 그렇게 했을 것이다.

여기서 중요한 질문은 '우리가 바라는 방향으로 어떻게 더 많이 동기부여가 될 수 있느냐' 하는 것이다. 조직 내에서 전문적인 목표를 향해 '우리 자신과 주변 사람들이 어떻게 동기부여가 될 수 있느냐' 이다. 더 많은 동기를 얻기 위해서는 그것이 어떻게 작동하는지 이해할 필요가 있다.

동기부여에는 세 가지 종류가 있다. 두려움은 가장 일반적인 형태다. 부모들은 아이들에게, 사장들은 직원들에게 이것을 늘 사용하고 있다. 사람들이 당나귀가 끄는 짐수레를 이끌고 언덕을 넘어야 할 때, 당나귀에게 두려움을 유발시켜 언덕을 넘도록 채찍을 휘두를 것이다. 이 방법은 항상 성공적으로 작용하지는 않는다. 때때로 당나귀는 뒷발질을 하거나 주저앉아버린다. 언덕이 너무 가파르거나 짐이 너무 무거운 경우 당나귀는 계속 전진하느니 차라리 채찍을 맞는 편이 낫다고 여길 수도 있다. 사람들도 마찬가지다.

영업사원들은 가끔 밖에 나가서 일하느니 사무실에 앉아 굶어죽는 편이 낫다고 생각하는 경우가 있다. 그들을 대하는 최선의 방법은 그들을 해고시키는 것이다. 사람들은 자기중심적이다. 그들이 원하는 대로 내버려둬야 한다. 그들이 굶어죽고 싶다고 한다면 굳이 말릴 필요는 없다. 하지만 그들이 그렇게 하는 동안 월급을 줄 필요는 없다.

두려움을 유발하는 동기부여의 가장 큰 문제점 중 하나는 모든 당나귀들을 감시할 채찍을 든 누군가가 반드시 필요하다는 것이다. 그것은 많은 비용을 필요로 한다. 만약 굶어죽고 싶어하는 여섯 명의 직원이 있다면 그 중 하나를 해고하라. 그러면 다른 다섯 명은 "이거 조심해야겠군." 하고 생각할 것이다.

다른 대안은 상여금 동기부여 방법을 사용하는 것이다. 끝부분에 당근을 묶은 긴 막대기를 당나귀 코앞에 내민다. 이 이론에 따르면 당나귀는 당근을 보며 언덕 위까지 짐수레를 끌고 간다. 그러나 당근이 통하지 않는 다섯 가지 경우가 있다.

첫째로, 당나귀가 배가 고프지 않은 경우다. 우리는 종종 한 달에 당근 1천500개로 만족하는 당나귀를 볼 수 있다. 당신은 그 당나귀에게 당근 3천 개를 벌 수 있는 일을 하도록 시킨다. 그는 그 자신의 기대와 요구에 부응하기 위해 일을 천천히 수행할 것이다. 그 당나귀는 배가 별로 고프지 않은 것이다.

이런 경우는 부동산 산업에서 자주 볼 수 있다. 한 달에 2천 달러를 버는 데 익숙한 사람을 데려다 일을 시킨다고 치자. 사장은 그에게 나가서 3일에 한 명꼴로 새로운 고객을 만들어오라고 말한다. 그는 사장의 명령에 따른다. 이 경우 사장은 세상에서 가장 큰 바보 같은 실수를 저지른 셈이다. 그는 새로운 고객에게 집을 하나 판다.

영업사원이 새로운 고객에게 집을 하나 팔면 그는 하루만에 6천 달러의 수수료를 벌 수 있다. 하지만 3일에 한 명씩 고객을 만들어오라는 사장의 지시는 상황을 악화시키는 꼴이 된다. 대개 이런 경우는 그 영업사원이 부동산계에 뛰어든 지 4주나 5주째에 발생한다. 그 영업사원은 자신의 계좌에 예상했던 액수보다 훨씬 큰돈을 넣어놓을 것이고 자신에 대한 사장의 기대치를 높이며 계좌에서 돈이 빠져나가기만을 기다릴 것이다.

당근이 통하지 않는 두번째 경우는 당근이 충분히 크지 않을 때다. 당나귀는 앞의 당근과 뒤의 짐을 번갈아 쳐다본다. 그 다음에는 언덕의 가파름을 눈으로 가늠해보고는 생각한다.

'저 형편없는 당근 하나 먹겠다고 내가 이 짐을 끌고 언덕을 오를 거라고 생각하면 큰 오산이지.'

당근과 관련한 세번째 문제는 길이 너무 가파를 때 일어난다. 당신은 부하직원의 능력을 훨씬 뛰어넘는 일을 그들에게 시킬 수는 없다. 이런 문제는 사원들에게 필요한 기술에 대한 수업을 듣게 하거나 새로운 기술을 배우게 하거나 제품지식에 대한 더 많은 정보를 얻도록 함으로써 해결될 수 있다.

네번째로 당근이 통하지 않는 이유는 짐이 너무 무겁기 때문이다. 당신의 부하직원이 다음과 같이 생각한다면 바로 이 경우에 해당한다.

'이 비즈니스로 많은 돈을 벌 수 있다는 건 알겠어. 그런데 실제로 영업을 하려면 얼마나 많은 사람들한테 전화를 걸어야 하는지 몰라서 하는 말이야.'

다섯번째 이유는 내가 아주 우연한 기회에 발견하게 되었다. 내가 동기부여에 관한 강의를 하고 있을 때였다. 뒷자리에 앉아 있던 한 여성이 일어나더니 질문을 했다.

"척, 만약에 당나귀가 당근을 별로 좋아하지 않는다면 어떻게 하죠?"

나는 그 질문에 대해서는 생각해본 적이 없었다. 그 사건은 내가 잠시 멈춰 그것에 대해 생각해볼 기회를 주었다.

그 여성은 내가 상여금 동기부여의 본질적인 측면에 대해 고민하게 만들었다. 그 경험을 한 지 얼마 후 나는 한 회사의 판매 회의에 참가하게 되었다. 그 당시 나는 뒷자리에 앉아 회사의 부사장이 영업사원들에게 멋진 텔레비전을 보여주고 있는 모습을 지켜보고 있었다.

나는 그 회사에 오래 몸담아 온 두 명의 영업사원들 옆에 앉아 있었는데 그 중 한 명이 다른 한 명을 찌르더니 말했다.

"멋진데? 아마 저 텔레비전 2천 달러는 나갈 거야. 그런데 내가 만약 저걸 가져가게 된다면 저것과 어울리는 방 인테리어를 새로 꾸미는 데 4천 달러나 더 들여야겠지."

그 영업사원은 2천 달러짜리 당근이 또 다른 4천 달러의 지출 비용을 만들어낸다고 생각하고 있었다. 그녀는 당근이 맘에 들지 않았던 것이다.

당근과 관련한 다른 경우는 임원이 다음과 같이 말할 때다.

"열심히 일하면 매니저로 승진시켜 주겠네."

사원들은 이렇게 생각한다.

'매니저라, 10% 더 많이 받으려고 30%나 더 오래 일하고 심장병 발생률은 세 배나 높고, 이혼율은 여섯 배나 높은 자리 아냐? 나는 그 당근에 별로 흥미 없는데?'

그는 상을 받지 않으려고 일을 천천히 수행할 것이다. 만약 당신이 당근을 사용하려 한다면, 반드시 당나귀가 좋아할 만한 것을 사용하도록 하라.

당나귀가 채찍과 당근에 반응할지도 모르는 반면에, 인간들은 그렇지 않다. 인간들은 어떤 목표를 갖고 있을 때, 자신의 목표에 최상으로 반응한다. 당신이 만약 목표 성취를 해본 경험이 있다면, 인간들을 당나귀처럼 대할 필요는 없다. 목표를 성취하는 것은 승리의 한 형태다. 사람들은 승리하는 것을 좋아한다. 정확히 정의된 목표에 닿음으로써 승리를 쟁취하고자 하는 사람들에게 당근과 채찍은 필요 없다. 승리 자체가 보상이 되기 때문이다.

동기부여가 안 된 사람은 없다는 사실을 기억하라. 목표를 정하는 것이 그 동기부여로 연결해주고 올바른 방향으로 고정해준다. 앞에서 논의된 알맞은 목표 설정 기술을 통해서 한 인간이 바라는 것과 원하는 것, 그리고 요구하는 것은 곧장 목적이 있는 행동으로 연결될 수 있다.

세번째, 가장 효과적인 동기부여의 형태는 자가 동기부여의 형태로 사람들이 스스로 원하는 보상을 고르고, 스스로 목표를 설정하며, 어떤 방법으로 목표에 다가갈 것인지 결정할 때 발생한다. 사람들은 스포츠를 할 때 강한 동기가 부여되는데, 이는 게임의 중간에 아무도 원칙이나 경계를 바꾸려 하지 않는다는 점을 그들 스스로 잘 알고 있기 때문이다. 오락에서도 원칙이 분명해서 당신은 원하는 것을 위해 당신의 자질, 능력, 에너지를 교환할 수 있다. 불행하게도 비즈니스 세계에서는 이런 경우가 드물다. 그리고 이것은 대부분의 사람들이 돈을 받고 일할 때보다 돈을 내면서까지 오락에 더 열심인 이유이기도 하다. 동기부여, 그리고 행동을 위한 동기는 내가 원하는 것과 그것을 이루기 위해 내가 해야 하는 것 사이의 거래다.

평균대나 시소를 생각해보라. 동기부여란 행동을 위한 동기라는 사실을 마음에 새겨 넣어라. 시소의 왼쪽에는 동기의 무게 또는 강도가 있고, 오른쪽에는 행동의 무게 또는 어려움이 있다.

내가 만약 당신에게 나를 척이라고 부르는 대신 미스터 쿤라트라고 부르는데 몇천 달러를 주겠다고 제안한다면 당신은 잽싸게 그렇게 하도록 동기부여될 것이다. 나를 미스터 쿤라트라고 부르는 일은 쉬운 행동인 반면에 몇천 달러는 강한 동기다. 그 몇천 달러는 내 제안에 응하도록 당신을 재빨리 동기부여해 줄 것이다.

만약 내가 당신에게 동전 한 닢을 주면서 50파운드 무게의 짐을 등에 메고 10마일을 뛰라고 한다면 당신은 나를 미쳤다고 생각할 것이다. 이는 행동이 동기를 능가하기 때문에 아무 일도 일어나지 않는다. 동기부여의 열쇠는 원하는 행동을 능가할 동기를 제공하는 것이다.

동기와 행동 사이의 관계는 옛날 서부에서 발생한 한 강도 사건이 완벽하게 설명해준다. 한 농부와 그의 부인은 마차를 타고 도시로 향하고 있었는데, 그때 강도가 풀숲에서 나타나 6연발 권총을 그들에게 겨냥한 후 남자에게 내려오라고 했다. 그 남자는 겁에 질려 순순히 그 말을 따랐다.

"당신, 춤 잘 춰?"

그 강도가 남자에게 물었다.

"아니오."

겁먹은 농부가 대답했다.

"어디 한번 볼까?"

강도가 말하더니 그 남자의 발밑으로 세 발의 총을 쐈다. 그 남자는 춤을 췄고 강도는 웃었다.

"당신의 말은 춤 잘 춰?"

그 강도는 먼지가 가라앉자 다시 물었다.

"아니오."

겁먹은 농부는 대답했다.

"어디 한번 볼까?"

강도가 말하더니 그 불쌍한 동물의 발밑으로 세 발의 총을 쐈다. 그 말은 자리를 박차더니 농부의 아내를 겁에 질리게 하며 마차를 끌어당겼다.

그 무법자는 다시 웃었다. 그때 농부의 아내는 의자 밑에 있던 2연발 권총을 집어 들더니 그 강도를 겨냥했다.

"이봐, 당신 손에 들고 있는 거 6연발 권총 맞지?"

"네, 맞습니다."

여섯 발을 써버렸다는 사실을 깨닫고, 그 자리에서 빠져나가기만을 기다리던 강도는 대답했다.

"총각, 말이랑 키스해본 적 있어?"

그녀가 물었다.

"아니오. 그렇지만 그런 위대한 기회를 제게 주신다면 고맙게 받아들이겠습니다."

그가 총신을 바라보며 대답했다.

동기가 행동을 능가할 때마다 당신은 결과를 얻을 것이다.

세상의 모든 사람들도 그들의 마음속에 평균대를 갖고 있다. 동기부여는 단지 동기 쪽을 계속해서 많이 쌓아 평균대가 움직이게 하고 행동 쪽이 땅으로부터 상승하게 하는 것이다.

동기부여의 요점은 평균대를 움직이는 것이다. 당신이 두려움에 의해 동기부여되는 사례에 속하는데 당신에게 아무 일도 일어나지 않는다면, 더 큰 채찍을 사야 할 것이다. 몇천 야드 떨어진 곳에서 겨누는 권총보다 다섯 발자국 앞에서 겨누는 새총이 더 무섭다. 문제는 '어떻게 적용하느냐' 이다. 당신은 사원들을 사무실에서 쫓아낼 수도 있지만 그들이 일하는지 일일이 확인하기 위해 항상 그들을 주시하고 있을 수는 없다. 모든 사원들을 감독하기 위해 채찍을 든 감독관을 둘 형편도 안 된다.

당신이 만약 상여금에 의해 동기부여되는 사례에 속하는데도 아무 일도 일어나지 않는다면, 계속해서 더 큰 당근을 바라는 것은 무리이다. 모든 사원들에게 매년 10만 달러의 연봉과 12주의 유급 휴가를 주어야 한다면, 대부분의 회사들은 그와 같이 큰 당근을 마련하느라 파산할지도 모른다. 게다가 운이 나쁘면 당신은 그 당근을 좋아하지 않는 직원을 만날 수도 있다.

그렇다면 더 큰 채찍이나 당근에 투자하지 않고도 큰 동기부여를 얻을 수 있는 방법은 무엇일까? 성공적인 동기부여의 열쇠는 개인의 참여에 달려 있다. 당신 부하직원들의 목표를 회사의 목표와 일치시키는 것이다. 당신은 사원들과 회사를 한데 묶어 일치하는 목표를 가지고 함께 성장하도록 하는 방법을 연구해야 한다. 그렇게 하려면 당신은 다음의 요소들을 인식하고 있어야 할 것이다.

1. WIIFM_저는 무엇을 얻을 수 있죠?(What's In It For Me?)

당신의 부하직원들이 새로운 프로젝트를 맡게 될 때마다 마음속으로 품게 되는 질문이 있다.

"제가 얻을 수 있는 건 무엇이죠?"

그들은 사장이 자신을 이기적이고, 문제를 일으키고, 불량한 직원이라고 생각할까 봐 그 질문을 입 밖으로 드러내지는 않는다. 그러나 여전히 그 질문은 존재하고, 유능한 관리자는 그것을 알아차릴 수 있다.

2. WSI_왜 그걸 제가 해야 하죠?(Why Should I?)

아이들은 늘 묻는다.

"왜 내가 해야 돼?"

이러한 질문은 "내가 그렇게 하라고 했으니까."라는 부모의 대답에 아이들이 질려서 더 이상 묻고 싶지 않을 때까지 계속된다. 부모들 또한 잘 모르고 있기 때문에, 또는 그들도 답을 이해하기에는 너무 게으르기 때문에 정확한 대답을 하지 못한다. 그들은 차라리 이렇게 말한다.

"나도 몰라."

만약 사람들이 당신에게 입이나 눈으로(모든 질문들이 입으로만 나오는 것은 아니다) "왜 제가 그걸 해야 하죠?" 또는 "제가 얻을 수 있는 건 무엇이죠?"라고 묻는다면 그들은 동기부여를 위해 노력하고 있는 과정에 있다.

그들은 다음과 같이 말하고 있다.

"매니저님, 제 눈이 생기를 잃었어요."

"아직 가기로 결정하지 않았어요."

"도와주세요."

"이해가 잘 안 가는데요."

"다시 말씀해주시겠어요?"

"제게 동기를 부여해주세요."

사람들이 함께 모여 있을 때, 그들이 '왜'라는 질문에 대한 답을 알게 되기 전까지는 그들에게 어떤 일을 시킨다는 사실조차 불가능할 때가 있다. 누군가가 당신에게 이유도 말해주지 않고 당신이 전혀 기대하지 못했던 일을 시킨 적이 있는가? 만약 그 일을 했다면 그것이 얼마나 힘든 경험이었는지 기억이 날 것이다.

나는 예전에 한 회사의 구매부에서 일한 적이 있었는데 어느 날, 사장이 찾아와서 말했다.

"베이커(Baker)사의 거래내역 좀 봐주시겠습니까?"

"물론이죠. 그런데 찾고 계신 것이 무엇이죠?"

"그냥 봐주시면 됩니다."

"왜죠?"

"신경 쓰지 마시고요. 저는 그저 당신이 작년에 우리가 그들과 거래한 모든 송장 내역을 조사해주셨으면 합니다."

이 상황은 좀 극단적이긴 하지만, 실제로 일어났던 일이다. 만약에 사장이 처음부터 내게 누군가 물건을 빼돌리고 있다거나 구매 에이전트가 뇌물을 받았다고 말해줬더라면 나는 뚜렷한 목적을 갖고 그 프로젝트에 임했을 것이다. 그러나 나는 그가 원하는 것이 무엇인지 전혀 알지 못했다. 내가 그 파일을 샅샅이 뒤지는데 충분하게 동기부여되기까지 세 시간이나 걸렸다. 나는 내가 무엇을 성취해야 하는지 몰랐고, 그저 그가 내게 그 일을 하라고 말했기 때문에 그 일을 한 것이다. 성취해야 할 목표도 없었고, 성취하고 싶은 의지도 없었다. 그 일을 겨우 끝냈을 때, 사장은 내게 다시 와서 내가 발견한 사실에 대한 분석을 부탁하는 뻔뻔함을 보였다.

한 신혼부부가 그들의 첫번째 부활절을 맞아 저녁식사를 준비할 때 신랑은 왜 그녀가 햄의 양 끝부분을 잘라내는지 이해할 수 없었다. 그래서 그녀에게 그 이유를 물었다. 그녀는 어머니에게서 배운 것이라고 하면서 자신도 그 이유를 모른다고 했다.

저녁식사를 함께 하기 위해 그녀의 어머니가 도착했을 때, 그 새신랑은 장모에게 왜 햄의 양 끝을 잘라내는지 물었다. 장모는 자신도 곧 저녁식사에 도착하실 그녀의 어머니로부터 배운 것이라고 하며 자신도 그 이유를 알 수 없다고 했다. 곧 도착하신 그 할머니 역시 이유를 알 수 없다고 말했을 때 새신랑은 너무 궁금한 나머지 햄의 양쪽을 잘라내는 전통의 이유를 알기 위해 직접 차를 몰고 증조할머니 댁을 방문하기로 했다.

증조할머니는 연세가 너무 많으셔서 말씀하시기조차 어려운 상태였지만 마침내 질문을 이해하고는 대답했다. 햄의 양쪽을 잘라내는 이유는 그녀가 어렸을 때 오븐이 작은 데 비해, 햄은 너무 컸기 때문에 햄을 오븐 안에 넣기 위해서였다고 했다. 아무도 '왜' 라는 질문을 던지지 않았기 때문에 지금까지 아까운 햄만 낭비한 것이다.

3. MMFI_저를 소중히 여겨주세요!(Make Me Feel Important!)

한번은 대학 친구 중 한 명이 제조회사의 도덕성과 태도를 평가하기 위한 조사를 했다. 그는 제조과정의 다양한 단계에 관련된 사람들을 인터뷰했다. 한 장소에서 사람들은 하얀 플라스틱 조각처럼 보이는 것을 단단한 나무에 접착시키는 일을 하고 있었다. 매우 따분하고 지루해보이는 일이었다. 내 친구는 첫번째 노동자에게 가서 물었다.

"일은 어떻습니까?"

그 사내는 자기 일이 하찮은 것이라고 대답했다.

"무슨 일을 하고 계시는데요?"

내 친구가 물었다.

"이 하얀 것들을 이 딱딱한 조각에 붙이고 있소."

"이 회사가 맘에 드십니까?"

"아니오."

"수당은 어떻습니까?"

"내 알 바 아니오. 그렇게 많지도 않소."

내 친구가 인터뷰한 다음의 4~5명의 노동자들도 비슷한 반응을 보였다. 그 후에 그는 흰머리를 곱게 쪽지고 일하고 있는 한 할머니에게로 다가갔다. 그녀는 휘파람을 불고 있었다.

"이 회사가 마음에 드십니까?"

그가 물었다.

"일하기에 더없이 좋은 곳이라오. 지금까지 한 일 중에서 최고의 직업이지."

"수당에는 만족하십니까?"

"만족하고말고."

"사장님은 어때요?"

"그녀는 대단하신 분이지."

"그런데 지금 하시고 계신 일이 무엇이죠?"

"나는 피아노를 만들고 있다오."

그 할머니가 발견한 사실은 자신이 피아노를 조립하고 있다는 것이었다. 그녀는 유명한 피아니스트의 손가락이나 호기심에 찬 아이의 손이 다른 사람들을, 또는 그들 자신을 기쁘게 하기 위해 그녀가 만든 건반을 사용할 것이라는 사실을 알고 있었다. 그녀는 자신이 하는 일에 대한 중요성을 스스로 인식했고, 자신은 중요한 사람이라는 느낌에 대해 동기부여가 되었던 것이다.

4. 십인십색임을 알아야 한다(Different Strokes for Different Folks!)

마오쩌둥은 어떻게 사람들을 동기부여시켜야 할지 알고 있었다. 그는 적은 수의 중국 공산주의자들과 함께 민주화를 원하던 치앙 카이 섹을 물리쳤다. 우리가 보기엔 치앙 카이 섹이 옳고, 진정으로 사람에 대한 관심이 많은 리더였다. 그러나 그가 민주화와 자유에 대해 설교하는 동안, 마오쩌둥은 사람들에게 그 당시 가장 필요한 것이었던 음식과 옷, 잠자리를 약속했다. 결과는 마오의 승리였다. 그는 그를 따르는 추종자들의 동기를 그가 이루길 원하는 것과 일치시키는 신비한 능력을 지니고 있었다. 위대한 동기부여자들은 개개인의 다양성에도 불구하고 사람들을 한 목적아래 뭉치게 만든다.

당신 사무실에서 가장 동기부여가 필요한 사람에 대해 생각해보라. 눈이 번쩍 떠질 만한 경험을 하고 싶다면 250페이지에 있는 표를 작성해보라. 당신은 그 직원의 배우자의 이름을 알고 있는가? 당신은 그 또는 그녀의 아이들이 몇 살인지, 또는 그들이 주로 무엇을 하는지 알고 있는가? 그 부하직원은 어떤 취미를 가졌는지, 그 취미에 얼마만큼 빠져 있는지, 3년 안에 그가 당신 회사에서 목표로 하는 직위가 무엇인지 알고 있는가? 당신이 그에 대해 내린 평가와 일치하는가? 그 부하직원의 순이익이 얼마이고, 그가 벌기를 원하는 순이익은 얼마인지 알고 있는가? 당신의 회사가 만약 파산한다면, 그 부하직원은 생계를 위해 무엇을 할 것이라고 생각하는가?

당신은 부하직원들에 대해 얼마나 자세히 알고 있는가? 당신과 이상적인 동기부여 관계를 형성할 수 없었던 부하직원, 또는 누군가를 생각해보라. 그들에 대한 아래의 질문에 얼마나 잘 대답할 수 있는가?

1. 부하직원의 배우자 또는 그들에게 중요한 다른 이들의 이름을 나열하라.
2. 아이들의 나이와 성은 무엇인가?
3. 회사 밖에서 그들이 좋아하는 일은 무엇인가?
   - 일과 관련되지 않은 세 가지 활동을 나열하라.
   - 이 분야에서 그들이 얼마나 잘하는지 알고 있는가?
   - 부하직원이 상을 받거나 특별한 분야에서 인정받은 사실을 알고 있는가?
4. 부하직원의 자녀들이 각각 잘하는 것에 대해 나열하라.
5. 회사 내에서 그들이 원하는 다음 직위는 무엇인가?
   - 그들이 얼마나 그 직위에 오를 준비가 되었는가?
   - 당신의 평가와 얼마만큼 일치하는가?
6. 만약 회사가 파산할 경우, 그가 무엇을 할지에 대해 알고 있는가?
7. 이 부하직원이 돈을 투자하기 좋아하는 곳은 어디인가?
8. 이 부하직원의 가장 커다란 두려움 세 가지는 무엇인가?

지금쯤이면 당신은 아마도 약간의 언짢은 기분을 느끼며, 그 질문들의 반도 대답하지 못했다는 사실을 알게 될 것이다. 내가 말하고 싶은 요점은, 누구도 자신이 알지 못하는 사람을 끊임없이 동기부여시킬 수는 없다는 사실이다. 당신이 사람들에게 동기를 부여할 수 있는 능력은 당신이 그들에 대해 얼마나 많이 알고 있는지, 당신이 그들의 요구와 희망사항을 얼마나 잘 회사의 목적에 일치시킬 수 있는지와 직접적으로 연관되어 있다. 당신은 동기를 부여할 사람에 대해 가능한 한 자세히 알고 있어야 한다.

그리고 그 반대 역시 사실이다. 그들 또한 당신, 관리자, 회사에 대해 가능한 한 많이 알고 있어야 한다. 당신이 알고 있는 사실을 부하직원들이 알지 못한다면, 아무도 당신이 하고 있는 일을 할 수는 없다. 당신이 가진 정보를 그들이 알지 못하는 한 그들이 당신이 생각하는 방식으로 생각하리란 점은 기대하지 않는 것이 좋다.

실적이 안 좋은 손익 계산서를 보고 화가 나서 책상 서랍 안에 처박아놓아 아무도 볼 수 없게 만들고는 한 달 내내 찌푸린 인상을 지으며 다음번에는 더 나아지리라 생각하는 사장이 그 전형적인 예라고 할 수 있다. 그 사장은 열심히 일한 후 3분간 휴식을 취하고 있는 부하직원에게 다가가 말한다.

"지금 우리가 얼마나 심각한 상황에 있는지 알지 못하는 건가?"

그 부하직원은 잘 모르겠다고 답할 것이고, 사장은 그를 무

책임하고 회사에 신경 쓰지 않는 사람으로 간주할 것이다.

당신이 만약 사람들로부터 더욱 큰 동기부여를 원한다면, 그들을 더 잘 알기 위해 노력하라. 만약 당신의 회사에 있는 누군가가 당장 내일 먹을 쌀이 없어서 고민하고 있다면, 당신은 그것에 대해 알아야 한다. 만약 회사 내 누군가가 다음달까지 지불할 부동산 할부금이 있다면, 당신은 그것에 대해서도 알고 있어야 한다. 당신의 부하직원들이 무엇을 필요로 하는지 알아야 하고 당신과 회사가 그들이 원하는 것을 제공해줄 수 있다는 사실을 그들에게 알려야 한다. 그들이 언제까지나 당신과 함께 할지는 미지수이지만, 함께 있는 동안만큼은 훨씬 더 열심히 일할 것이다.

12

직장 내 게임에서 승리하라

THE GAME OF WORK

다음은 운동선수들의 동기부여 방법을 받아들여 비즈니스 세계에 적용시키고 있는 몇몇 회사의 실제 예이다. 다음의 예들을 읽으면서 이 원칙들을 당신의 회사에 적용할 방법에 대해 생각해보라.

한 목재회사의 현금 흐름

전에 세 개의 지점을 가진 한 목재회사로부터 전화를 받은 적이 있다. 그 회사는 현금 흐름 문제를 개선하기 위해 가장 좋은 몫의 소유지를 팔려고 하고 있었다. 그 회사는 그 자산을 지난 30년 동안 보유해왔고, 명의 변경료와 세금은 엄청난 액수에 달할 터였다. 그들은 막상 그 자산을 팔기 전에 '다른 대안' 을 묻기 위해 내게 전화한 것이었다.

나는 현금 흐름에는 문제는 없다고 굳게 믿고 있었기 때문에 첫번째로, 여신규제를 늦추고 있는 요인을 살펴보기로 하고, 더 중요한 부분인 재고 회전율에 영향을 미치는 구매 관리를 느슨하게 만드는 요인에 관한 조사에 착수하기로 했다.

나는 그들에게 미수금과 재고에 대한 지난 24개월간의 기록을 살펴보라고 제안했다. 그리고 미수금 평가를 위한 요인으로는 외상판매의 지불되지 않은 기간을 계산하도록 했다. 다음이 도착한 결과다.

$$\frac{\text{지난 90일 간의 외상판매}}{\text{66일의 영업일 수}} = \text{평균 미납된 외상판매}$$

$$\frac{\text{최근 지불 완료된 미수금 계정 잔액}}{\text{평균 미납된 외상판매}} = \text{미납된 외상판매의 영업일 수}$$

다음은 재고를 보유하고 있던 기간의 주의 수이다.

$$\frac{\text{지난 13주간의 판매} \times \text{판매된 상품 가격의 퍼센티지}}{13} = \text{달러로 판매된 상품의 주별 평균 비용}$$

$$\frac{\text{재고가 처분된 기간}}{\text{달러로 판매된 상품의 주별 평균 비용}} = \text{재고를 보유하고 있던 기간의 주의 수}$$

이러한 평가방법이 특별하다고는 할 수 없으나, 이것은 자원 대비 성과율을 보여주는 훌륭한 예이다.

우리는 미납된 외상판매의 영업일 수가 최소 43일에서 현재까지 최대 67일로 증가했다는 사실을 발견했다. 미납된 외상판매일 수의 이 24일의 증가는 경영 자금 100만 달러의 4분의 1 밑으로 매여 있었다.

재고현장에서 우리가 발견한 사실은 더욱 놀라웠다. 최적의 총 매상고를 올린 작년의 판매시즌 성수기 동안, 재고는 보유기간이 8.3주로까지 줄어들었다. 주문을 채우는 과정에서 아무런 문제가 없었음은 물론, 재고가 떨어진 제품이나 불평하는 고객이 없었다는 사실을 아무도 이상하게 생각하지 않았음을 시인했다. 그러나 재고는 보유기간이 16.7주까지 상승했다. 재고 보유기간의 추가된 7주는 경영 자금의 추가 20만 달러를 묶었다. 예전 자료를 평가하는 득점기록 시스템의 도입이 있었던 단 두 분야에서만 약 50만 달러를 되찾을 수 있는 기회를 얻은 것이다.

나는 경영진에게 부동산 자산 판매는 잠시 미루고 미수금과 재고에 대해 신경 쓰라고 말했다. 13주가 지난 후에 미수금은 67일에서 53일로 줄어들었고, 15만 달러를 경영 자본으로 돌릴 수 있었다. 18주가 지난 후에는 재고 레벨은 12주 보유로 돌아갔으며 추가 10만 달러를 경영 자본으로 돌릴 수 있었다. 더 이상 부동산 자산을 팔 필요는 없었다.

여기서 강조하고 싶은 점은 내가 마법의 기술로 한 운 좋은 회사 경영자에게 한 다발의 돈뭉치를 안겨준 게 아니라는 점이다. 그러나 나는 올바른 득점 기록 방법을 실행하여 그와 비슷한 기적적인 결과를 가져온 사람들을 지금까지 수없이 많이 목격해왔다. 여기서 말하는 이들은 각 득점 기회에 대해 점점 큰 중요성을 인식하고 있는 선수들이나 경쟁자들이다.

시간이 지남에 따른 평가를 도표로 만드는 것은 종종 기록의 재검토라고 불리며 평가 지식에 대한 이해를 훨씬 높여준다. 그러나 문제를 너무 단순화시키는 실수를 범하지는 말라. 골프 코스는 평균 72타의 7천200야드(yard) 길이가 될지도 모르나, 당신은 한 타당 평균 수백 야드로 타율을 계산할지도 모른다. 100야드를 드라이브로 날리는 것은 쉬운 일일지 모르나 100야드를 퍼트한다면 어떻겠는가?

경기의 모든 부분에서 정확한 득점 기록과 평가에 의해서만 게임의 각 부분에 있어 실력이 개선되고, 승자가 탄생할 수 있다. 당신의 드라이브는 100야드를 충분히 넘고, 당신이 친 퍼트는 100야드 지점의 표시에 가까이 가지조차 못한다. 그러나 게임의 모든 부문에서 득점을 계속한다면, 평균 점수는 올라갈 것이다. 이와 같은 원칙은 비즈니스에도 적용된다.

한 통신회사의 수익 증가

가끔은 경기에 들어가기 전에 원칙에 대해 확실하게 하는 시간을 갖는 일이 필요하다. 나는 그와 같은 기회에 연루된 적이 있다. 한 공공 통신 회사가 내게 전화를 걸어 새해의 예산편성 작업을 도와달라고 부탁한 적이 있다. 그 회사는 몇 년간 주춤했으나 여전히 수익률 증가에 대해 기대할 만한 상태에 있었다. 그들의 경영 수익은 지난 4년 동안 1년에 140만 달러에서 190만 달러 사이를 왔다 갔다 하고 있었고, 가장 최근에 170만 달러로 떨어졌다.

그 회사의 최고 경영자가 내게 전화해서 가을 예산 편성을 돕고, 더 나은 출발을 위해 분기별로 나눠서 기획해달라고 부탁한 것은 9월쯤이었다. 이전의 논의에서, 그는 전문가들이 주식 시장에 대해 그에게 한 말과 그가 생각한 것은 다가오는 해를 위한 계획이라는 점을 이야기했고, 그 밖에도 모회사와의 관계, 그리고 예산과정을 가로막고 있는 요인은 지난해에 사용된 여러 부적절한 요소라는 점에 대해서도 언급했다. 게임을 시작하기에 앞서 원칙을 분명히 해야 한다는 사실이 명백해졌다.

나는 그에게 새해에 기대하는 수익에 대해 물었다. 그는 지금까지 올린 최상의 실적은 225만 달러라고 대답했다.

"내년에도 같은 결과를 기대하십니까?"

내가 물었다.

"잘 모르겠어요. 경제적 예측에 대한 연구를 아직 끝마치지 못해서요."

그는 또한 지난 9월에 시작된 예산 편성을 1월까지 끝내지 못했기 때문에 형편없었던 1월의 수익률을 지적했다.

"내년에도 그만큼 수익을 올리고 싶으신가요?"

나는 끈질기게 물었다. 그의 의지가 회사 예산을 세우는 일 중 가장 중요하다고 느꼈기 때문이다.

"네. 한번 시도해볼 만할 것 같군요."

그리고 우리는 225만 달러의 수익을 올릴 수 있는 경영 계획을 짰다.

"당신 회사 수익의 몇 퍼센트가 주부서에서 나옵니까?"

내가 물었고 그는 86%가 주부서가 만들어내는 수익이라고 말했다. 우리는 86%의 수익을 본사에 할당했다.

"이렇게 해도 될까요?"

그가 물었다.

"그렇게 생각하시는지요?"

"그렇습니다."

그 다음 부서는 수익률의 10%에 못 미치는 부분을 차지하고 있었다. 그래서 우리는 그 수익률의 목표를 10%로 잡았다. 세번째 부서는 4%의 수익률을 내고 있었다. 우리는 회사 수익에 공헌한 지난 실적의 비율에 따라 수익률의 100%를 분류했다. 그 최고 경영자는 그가 책임지는 수많은 다른 영역이 그의 예산의 상당한 부분을 소비하고 있다는 사실을 언급했다. 우리는 간단한 논의 끝에 그 부분들은 일단 수익을 내고 있는 세 부분에 종속시키고, 우리가 세운 예산 계획이 확립되기 전까지는 그 부분에 대해 덮어두자는 데 동의했다.

그와 나는 의견의 일치를 이루었다. 나는 월요일에 있을 각 부서 부장들과의 미팅을 고대하며 금요일 오후 집으로 돌아갔다.

월요일 미팅 자리에서 그가 말했다.

"여러분, 제가 예산 편성에 대해 준비해온 것이 있는데, 지금부터 여러분께 아주 간단한 걸 부탁드리려고 합니다."

그는 그 후, 각 부서장들에게 봉투를 하나씩 내밀었다. 그 안에는 각 부서들로부터 기대되는 경영 자금의 총 순이익이 적힌 종이가 들어 있었다. 약간 부정적인 반응을 보이더니, 부서장들은 사무실로 돌아갔다. 그러고는 평소의 반밖에 안 되는 시간 동안, 사장이 그들에게 부탁한 수익을 낼 수 있는 경영 계획을 수립하기 시작했다. 그 작업은 추수감사절 전에 끝날 수 있었는데, 작년에는 연말까지도 해결되지 못했던 일이었다. 비록 그 처음의 미팅에 강도가 있었지만, 그것은 그렇게 되어야만 했다.

그 최고 경영자는 자신이 원하는 바를 정확하게 말하며 각 부서장들과 명확하게 의견을 교환했다. 그 회사가 그 해에 올린 수익은 225만 달러가 아니었다. 그 해, 그 회사는 340만 달러의 수익을 올렸는데 이는 두 가지 요인 덕분이었다. 하나는 경영 계획을 재빨리 수립했기 때문에 각 부서들로 하여금 연초부터 시작해 밀고나가게 할 수 있었다는 점이다. 작년에는 그 계획이 1월 말까지도 동의되지 않았던 사실에 비하면 큰 발전이었다.

둘째로는, 본사 부서의 총지배인이 그의 상상력을 동원해 회사 역사상 가장 훌륭한 고객 인센티브 프로그램을 도입했다는 사실에 있었다. 그는 기대되는 바에 대해 숙지했고, 그 사실로 인해 정해진 예산을 뛰어넘을 수 있었다고 말했다. 그 해에 그 회사의 회의는 지출에 대한 자잘한 내역을 따지는 일보다 수익과 성장에 더욱 집중했다. 시작부터 수익 목표가 명확히 정해졌기 때문에 많은 부정적이고 불필요한 행동들은 옆으로 젖혀졌다. 그 관리자들은 새로운 시스템을 아주 맘에 들어했다. 그들은 명확히 정의된 목표와 성공할 수 있는 방법을 알고 있었다. 그 지도력은 위로부터 나왔으며, 구체적이고 직접적이며 강력했다.

그 최고 경영자는 15개월 전 처음 만났을 때, 연 수익률 15% 증가에 대한 나의 제안이 매우 비현실적이라고 거절했었다. 그런데 지금 우리가 손익 계산서를 앞에 두고 그 상황을 떠올리며 웃었다. 그는 다음 해의 목표 수익은 440만 달러라고 내게 넌지시 귀띔했다.

어떤 트럭 운송업체의 유지비 개선

어느 날 나는 연 매출 1천만 달러의 어떤 트럭 운송업체의 유지 문제를 해결해달라는 전화를 받았다. 첫째로, 우리는 청구서 발행 비용에서 유지비(노동비, 부품비)가 차지하는 비율을 계산해보았다. 비록 유지비가 동종 업종에 비해 약 두 배라는 것을 파악할 수 있었지만, 이런 계산 결과로는 극적인 변화를 이끌어낼 수 없었다. 이 방법은 쓸모가 없었던 것이다. 우리가 평가한 결과를 비교해볼 만한 대상이 없었기 때문이다.

그래서 우리는 표준이 아닌 평가방법을 고안했다. 고장이 나기 전까지 트럭이 달린 평균 마일 수를 평가하는 방법이었다. 우리는 미국 국방부에서 이 아이디어에 대한 힌트를 얻었는데, 그들이 몇 년에 걸쳐 방어 시스템과 실패율을 평가해온 방법이었다.

그것은 고장이 있을 때마다 각 트럭의 주행 기록계를 읽는 방식의, 일종의 기계로 하는 자가 경영 득점 시스템이었다. 지금까지 해오던 유지나 서비스 분야는 포함되지 않았다.

정비공들과 각 창고 시설의 유지 관리자들은 그들이 맡은 각 차량에 대한 득점을 기록했다. 이는 매우 단순한 작업이었다. 그 책임을 맡은 사람은 각 마을 사이의 마일 수를 산출하기 위해 이전 마을의 기록으로부터 주행 기록계까지 모든 기록을 공제했다.

그런 작업 끝에 새로운 시스템이 실행되었고 유난히 주의를 요하는 터널을 발견할 수 있었다. 그 터미널의 주행 기록기가 고장 나기 전까지는 평균 번개 같은 750마일의 주행속도를 냈던 곳이었다. 처음으로 우리는 다른 수리 업체들과 비교해 그들이 어떤 방식으로 서비스를 실행하고 있는지 정확하게 알 수 있었다. 이 시스템은 또한 우리가 트럭의 서비스 기록을 다른 제조업체들로부터 비교할 수 있게 해주었으며 스파크 플러그(Spark plugs), 굴대, 타이어 등의 부품 부문을 비교할 수 있었다.

이 새로운 평가 방법의 결과로, 그 회사는 자동차의 회전율을 증가시키고, 전체적인 교통 수리비용을 판매의 1.2%까지 감소시켰다. 그 시스템은 연 수입 1천만 달러 회사 내에서 매년 12만 5천 달러를 절약해주었다.

고객이 당신에게 돈을 지불할 기회를 개선

고객이 주문한 오버헤드 크레인(Overhead crane)을 제작하는 어떤 회사로부터 원자재 취급과 관련된 상담을 요청받았다.

내가 조사에 착수할 때 항상 그래 왔던 것처럼 미수금 내역을 살펴보았다. 비록 미수금 내역을 매달 정상적으로 관리하고 있지만 더 나아가 그 내역을 매일 관리해야 한다.

미수금을 추적하는 기본적인 방법은 미수금의 결재일이 어떻게 나눠져 있느냐 하는 것이다. 즉 보고서를 보면 30일, 60일, 90일 단위로 결재될 것이라고 되어 있을 것이다. 또 보고서는 각각의 범주에 받을 돈의 비율이 얼마가 들어가는지 보여줄 것이다. 당신이 돈을 지불받지 못한 상태에서 수금 관리자를 만나게 된다면, 그(녀)는 당신에게 수금율이 2% 올라가거나 2% 떨어져 90일 안에 받을 돈의 합계가 X가 될 것이라는 회피성 발언을 듣게 될지 모른다. 좋은 정보다. 그러나 여전히 당신은 어디로 가야할지 알 수 없을 것이다. 당신은 실제로 상황이 좋아지는지 악화되는지 알 수가 없다.

내가 이 크레인 회사에서 처음으로 추적한 것은 미결제 거래일 수에 대한 것이다. 이는 지불이 완료되지 않은 지난 90일간 이루어진 거래의 총합이다. 이 평가 방법은 정확하고, 융통성 있으며 쉽게 평가되고, 재빠른 피드백을 제공해준다. 이것은 당신이 돈을 돌려받는 일을 얼마나 잘하고 있는지 보여주고, 수금 상황이 개선되고 있는지 악화되고 있는지 알려준다.

우리가 미결제 거래일 수에 대한 평가를 시작했을 때, 우리가 곧 깨달은 사실은 이 회사가 미수금에 있어 심각한 문제가 있다는 점이었다. 미결제 거래일 수가 90일에 가까웠다.

우리가 문제를 어떻게 해결해야 할지 의논하고 있을 때, 누군가 그냥 흘려서 한 말이 내 주의를 끌었다.

"우리가 만약 영수증을 더 빨리 발행할 수 있다면, 수금도 훨씬 많이 할 수 있을 게 확실해."

"좀 더 자세히 말해주시겠어요? 지금은 얼마나 걸리는데요?"

내가 물었을 때 들은 대답은 손 놓고 보고만 있는 경영진의 전형적인 반응이었다. 이 영수증은 여기에 있고, 저 영수증은 저기에 있다는 식의 답변이었다. 얼마나 빨리 영수증이 보내지는지 실제로 아무도 모르고 있었으며 어떤 평가방법도 존재하지 않았다.

나는 관리자의 감독하에 영수증을 다루는 점원이 작성하는 단순한 득점 카드를 만들었다. 그것은 우리에게 고객의 우체통에 실제로 영수증이 배달될 때까지 며칠이 소요되는지 확인하고, 추적할 수 있도록 해주었다.

처음 20장 묶음의 영수증 한 그룹에서, 평균 날짜는 13일이었다. 가격을 매기고, 심사를 하고, 가격을 체크하고, 다시 한 번 가격을 확인하다 보니 고객이 돈을 지불하기 전까지 한 달이나 지체되었다.

　물론 고객들은 ‘언제 영수증이 도착하느냐’에 관심이 없을 뿐만 아니라 돈을 지불하기 위해 안달하지도 않는다. 그러나 우리는 영수증이 판매된 날짜에 더 가깝고, 더 빨리 보내지면 수금이 더 신속해질 것이라는 결론을 내렸다. 우리는 또한 대부분의 고객들에게는 돈을 지불하는 주기가 정해져 있기 때문에 그들에게 영수증을 더 빨리 보낼 수 있다면, 이전보다 빠른 주기에 수금할 수 있을 것이라는 데 동의했다.

　그 득점카드가 우리에게 말해주는 것은 영수증이 하는 일은 우리의 기대에 달려 있지 않다는 점이다. 그와 같은 정보로 무장하고, 그 회사의 관리자는 영수증이 늦게 발행되는 원인에 대해 철저히 조사하고, 상황을 개선시키기 위해 노력하기 시작했다. 득점카드로 인해, 그는 진행의 방해요소를 찾아내며 영수증 발행 과정에 대해 연구하게 되었다. 하나씩 문제가 있는 부분을 발견하고 그 문제들을 조금씩 잘라내기 시작했다. 6주 안에, 고객에게 영수증을 발행하는 데 걸리는 시간이 13일에서 3일로 줄어들었다. 고객에게 영수증이 전해지기까지 거의 2주의 시간을 절약할 수 있었다. 6주 안에 우리는 수금 상황이 눈에 띄게 개선되었음을 발견할 수 있었다.

병 음료 회사의 시즌별 적자 문제 관리하기

득점 방법을 사용하는 다른 훌륭한 예는 작은 병 음료 회사의 수익에 대한 시즌별 변동의 관리를 돕는 일이었다. 그들은 연초가 지난 후에 손실을 줄이기 위해서 수익이 거의 없는 시즌에도 내 서비스를 이용했다. 그 회사는 일반적으로 휴가 시즌에 피크를 이루며, 주로 여름과 가을 동안에 높은 판매와 수익률을 보였다. 그러나 연초를 넘어서면 어김없이 30일에서 90일에 달하는 기간이 적자 상태를 보이곤 했다.

자원 대비 성과율을 선택함에 있어서, 우리는 회사의 두 개의 항목은 인플레이션이나 비용, 경제와 무관하다는 사실을 발견했다. 판매 관리자는 각각의 경로 또는 트럭에 대한 추적을 시작했는데 이는 트럭이 사용한 연료의 갤런당 배달에 기초하여 이루어졌다. 프로판 연료와 디젤 연료를 사용하는 차량이나 평상형 트럭과 트레일러들을 위해 조정이 이루어졌다. 그와 동시에 회사 역사상 처음으로 1~2월 동안 흑자경영을 보였다. 운영진이 이 방식이 효과적이라는 사실을 알아차렸을 때 그들은 루트(Route)에 대한 마일(Mile)당 케이스 득점 카드를 고안해 판매에 있어 시즌별 감소와 함께 노동력을 절약할 수 있었다. 이 한 가지 평가방법이 판매 수익의 감소 없이 회사의 운영비를 15%나 줄여줄 수 있었다.

사람에서 돈으로의 중점 전환

내 고객 중 한 명은 구제모금단체인 '마치 오브 다임스 (March of Dimes)' 모금운동 방송의 자원봉사 감독이었다. 그 그룹이 이제껏 모금한 가장 큰 액수는 7만 8천 달러였다. 과거에는 모금운동을 담당하고 있는 사람의 목표는 접촉한 사람 수 그리고 모금 운동에 관련한 다른 활동에 의해 평가되었었다.

우리는 중점을 접촉한 사람에서 모금된 돈으로 옮기는 새로운 프로그램을 도입했다. 그러고는 지난 여러 해 동안의 실적에 기초하여 추적 시스템을 만들었다. 그 추적 시스템은 모금 운동 방송이 나가는 동안 시간별로 진행 상황을 갱신하는 능력을 갖고 있었다.

새로운 시스템의 도입과 함께 목표는 10만 달러로 정해졌고, 이는 이전의 최고 액수보다도 2만 2천 달러나 높은 금액이었다. 그 첫번째 해에 그들은 11만 달러를 모금했고, 3년 안에 그 모금 운동 방송은 1년에 20만 달러를 모을 수 있었다.

실패조차 평가될 수 있음을 명심하라

한 울타리 회사로부터 총 생산성을 개선시켜달라는 부탁을 받은 적이 있다. 우리가 첫번째로 한 일은 인플레이션에 구애받지 않는 평가방법을 세우는 일이었다. 우리는 직원 시간당 물건의 무게(파운드)를 도표로 만들었다. 우리는 경영진과 점원을 제조 노동자들과 함께 그 평가방법에 포함시켰다. 평가는 직원의 한 시간당 120파운드로 시작되었다. 그리고 4개월이 지난 후에는 생산성이 직원의 한 시간당 196파운드로 뛰어올랐다.

이 추적 시스템을 도입하면서, 필수적으로 몇 가지 방법의 득점 카드를 고안해야 했다. 가장 성과가 있었던 일은 고철을 추적하는 일이었는데, 이 고철은 6~8게이지(Gauge)의 아연 도금한 전선이 9~11게이지 전선으로 늘려져서 바구니 엮는 식의 직조법으로 울타리를 만드는 데 사용되었다. 이 과정을 책임지고 있는 감독은 그가 잘하고 있는지, 못하고 있는지에 대한 사실조차 몰랐다. 그의 목표는 화학약품이 벗겨져 나가서 게이지가 대부분의 경우 일치하지 않은 상황에서의 손실을 최소화하는 것처럼 보였다. 그 공정에 대해 바람직하다고 여길 만한 것은 거의 없었다. 그 공정이 피크에 오르면 두 개의 93미터에 달하는 덤프스터(Dumpster)들은 매일같이 벗겨진 화학물질이나 부서진 부분, 실행 에러 그리고 다양한 다른 요인들로 채워진다. 그 회사의 최고 경영자는 회사가 고철 와이어를 처리하기 위한 비용에만 한 달에 수천만 달러를 사용하고 있다는 사실을 잘 알고 있었다.

내 동료의 제안으로 회사는 고철의 무게를 재는 장치를 고안해 운영자에게 재빠른 피드백을 제공했다. 몇몇의 운영자는 다른 이들보다 더 낭비적이었고, 몇몇은 그 일에 적합하지 않다는 사실이 곧 발견되었다. 이들은 다른 부서로 옮기거나 해고되었다. 이 장치를 도입한 지 6주 만에, 쓰레기의 총량은 거의 80%의 감소율을 보였다. 그리고 버려질 뻔한 상당한 양의 전선들은 완성된 아연도금 울타리를 만드는 데 쓰였다. 또한 그 고철 처리 비용은 1년에 4만 달러로 줄었다.

선반 재고 비용을 줄이는 간단한 평가방법

노동자의 시간당 경우의 수는 분배창고나 소매상, 특히 식료품 가게에서 추적하기 좋은 아이템이다. 나는 작은 식료품 체인점의 관리자를 설득해서 몇 주 동안 모든 배달에 대해 추적해보라고 했다. 생산성은 직원의 시간당 계산에서 적게는 34케이스에서 많게는 60케이스까지의 범위를 보였다. 우리는 직원들은 먹고사는 데 바빠서 생산성에 신경 쓸 겨를이 없었다는 사실을 즉시 눈치챘다. 우리는 일정표를 채우는 과정에서 한 사람 시간당 50케이스가 넘는 비율로 30명 직원 분의 시간에 1천500케이스의 짐이 배달된 사실을 알 수 있었다. 며칠 후에 1천 케이스의 짐이 같은 가게로 배달되었고 같은 사람 수만으로 일을 무사히

마칠 수 있었다. 파킨슨의 법칙이 실제로 작용했음을 보여주는 좋은 예였다.

직원들이 스스로의 실적이 점수 매겨지고 있다는 사실을 알게 되면 생산성은 올라간다. 직원들은 일이 끝나야만 집에 갈 수 있다. 그리고 경영진은 일정을 더 융통성 있게 하기 위해 나르는 짐의 수에 비례하여 직원들에게 돈을 지불할 것이라고 결정했을 뿐이다. 그 체계가 굳어지자, 선반 재고 비용이 27%까지 떨어졌다.

새로운 영업사원을 위한 이상적인 추적 시스템

예전에 한 독립적인 새로운 판매 에이전트를 만난 적이 있는데 안타깝게도 그의 실적은 그가 세운 목표와는 거리가 멀었다. 그가 기대하는 목표에 가까이 가지조차 못했다. 그 문제에 대해 논의하면서 우리의 관심은 두 가지로 집중되었다. 그 중 한 가지는, 만약 우리가 새로운 영업사원들에게 첫 달에는 계약을 한 건 따오고, 둘째 달에는 두 건을 따오라고 시킨다면, 입사 후 가장 힘든 시기인 한 달 동안 그들의 생산성을 두 배로 높이라는 말과 다름없다는 것이었다. 그것은 바람직하지 않았다.

우리가 계속 논의한 다른 한 가지는, 내가 대학 시절 구매 수업에서 배운 내용을 떠올린 것이었는데 그것은 '실패 사이의 시간' 이라고 불리는 무기 시스템에 관한 정부의 상술에 대한 것이었다. 우리는 그 논의된 그 두 가지를 합쳐서 판매 사이의 시간 (MDBS)이라고 불리는 것을 만들어냈다. 그러고는 새로운 영업사원을 위해 초기 목표 프로그램을 고안해냈다.

첫째, 가능한 한 빠른 시간 내에, 어디에서나, 누구에게나, 어떤 가격으로나 첫번째로 상품을 판매하라(우리는 새로운 영업사원에게 가능한 한 좋은 경험을 심어주고 싶어서 가격을 파괴하는 방법까지 생각했다).

둘째, 처음에 올렸던 실적보다 짧은 기간 내에 두번째 실적을 올려라.

셋째, 앞의 두 개의 평균 실적보다 짧은 기간 내에 세번째 실적을 올려라.

넷째, 당신의 평균 기록을 깨는 작업을 계속하라.

거의 해고될 위기에 있었던 암울한 처음의 90일이 지나자, 이 젊은이는 MDBS 추적 시스템을 도입했다. 연말에 그는 회사로부터 그 해의 최고 사원이라는 인정을 받았다.

이 MDBS 형식은 내가 아는 그 어떤 목표설정 과정보다 뛰어난 효과를 보인다. 그리고 더 많은 사람들을 내가 아는 것보다 더 많은 영역에 있는 굳건한 판매망으로 끌어들인다.

이러한 MDBS는 판매 관리자가 판매 사원들을 개인적으로 코치하는 것을 가능하게 만든다. 그리고 새로운 영업사원들이 스스로의 생산성의 점차적인 향상을 통해 성공의 짜릿함을 느끼게 해준다.

이 책의 궁극적인 목적은 상상할 수 있는 모든 범위의 회사나 조직 내의 실적을 개선시키고, 수익성을 증가시켜주는 것이다. 이 원칙들은 시간의 경계가 없다. 또한 운동 경기나 오락에서 좋은 효과를 보이듯이 비즈니스계에서도 큰 효과를 보고 있다.

일단 사람들이 명확히 정의된 원칙으로, 득점의 가치를 받아들이게 되고, 개인의 목표를 회사 전체의 목표와 일치시키게 된다면, 그리고 그들이 매일 이기는지 지는지 알 수 있는, 회사 내에서 자원 대비 성과율을 적용시켜본다면 그들의 생산성은 경이적으로 증가할 것이다. 일단은 이 원칙을 인정하는 것이 중요하고, 이 원칙을 선택하느냐 그렇지 않으냐의 차이는 엄청나다고 할 수 있다. 선수들이 자신의 득점 기록을 향상시키기 위해서는 항상 그동안의 득점을 기록하고 그것에 신경 쓰고 있으며, 그것을 유지하기 위해 노력해야 한다.

이 책의 원칙들이 일터에 적용될 때, 사원들은 그들이 오락에 붓는 만큼 같은 열정과 에너지를 일에 쏟아부을 것이다. 그들은 마치 놀이를 하듯이 일을 즐기고, 직장 내 게임에서 이기는 방법을 배울 것이다.

회사 야유회에서 배구 경기를 할 때, 한 팀이 된 열 사람이 팀워크를 이루고, 목표를 향해 돌진하고, 잘 관리된 팀을 이루는 것은 시간문제다. 하지만 그 반면에, 같은 열 사람이 일에 있어서 그와 같은 조화를 이루지 못하기도 한다. 그 이유는 무엇일까?

그 대답은 '놀이처럼 일을 즐기는 것'에 열쇠가 있다. 왜일까? 스포츠계의 프로들은 그가 어떻게 하고 있는지에 대한 끊임없는 피드백을 받기 때문이다.

점수는 공개되고, 승리하기 위해서는 노력이 필수적이다. 일터에서의 피드백은 종종 신뢰할 만하지 못하고, 계속되지 않거나 또는 존재하지 않는다. 참여자는 득점이나 승리하기 위한 방법에 대해 거의 알지 못한다.

스스로 공부하고 배워야 할 것들
• 동기부여와 득점에 대한 새로운 시각

승자의 태도 – 선택 – 관찰 – 판단 – 득점 – 시스템 도입 – 평가한 결과를 수입으로 전환 – 목표에 대한 기준 수립

• 동기부여

자가 평가 – 피드백 – 동기부여의 타입 – 코치하는 방법

* **피드백**

도표와 차트들, 원칙과 득점카드의 역학 – 효과적인 피드백
에 관한 지침

* **통제 분야**

점수를 매기는 도구로서의 자원 대비 성과율의 힘

* 자원에 대한 성과 득점 시스템을 적용하는 방법
* 목표 설정과 동기부여
* 현장 활동에 대한 이해
* 매일 이기는 방법에 대한 학습

전문 서비스로부터의 도움

* 강연(두 시간, 네 시간, 또는 하루 종일)
* 개인, 고객, 협력업체, 회사 미팅 등에 관한 워크숍
* 도입

확실한 성공과 결과를 보장하는 구체적인 직장 내 게임 도입
에 대한 완벽한 고객 위주의 프로그램

* **스키 & 계획**

디어 벨리 리조트에서 열리는 3일간의 임원 스키 휴가

2등 사원은 **항상 일**만 한다

초판 인쇄 | 2008년 6월 11일
초판 발행 | 2008년 6월 18일

지은이 | 찰스 쿤라트 · 리 넬슨
펴낸이 | 심만수
펴낸곳 | (주)살림출판사
출판등록 | 1989년 11월 1일 제9-210호

주소 | 413-756 경기도 파주시 교하읍 문발리 파주출판도시 522-2
전화 | 영업부 031)955-1350 기획편집부 031)955-4661
팩스 | 031)955-1355
이메일 | book@sallimbooks.com
홈페이지 | http://www.sallimbooks.com

ISBN   978-89-522-0918-4 03320

* 잘못된 책은 구입하신 서점에서 바꾸어 드립니다.
* 저자와의 협의에 의해 인지를 생략합니다.

책임편집 · 교정 | 김미경

값 11,000원

살림Biz는 (주)살림출판사의 경제 · 경영 전문 브랜드입니다.